SERGIO
PINTO
MARTINS

COOPERATIVAS DE TRABALHO

OITAVA EDIÇÃO 20 25

Dados Internacionais de Catalogação na Publicação (CIP) de acordo com ISBD

M386c Martins, Sérgio Pinto
    Cooperativas de trabalho / Sérgio Pinto Martins. - 8. ed. - Indaiatuba, SP :
Editora Foco, 2025.

    200 p. ; 16cm x 23cm.

    Inclui bibliografia e índice.

    ISBN: 978-65-6120-279-4

    1. Direito. 2. Direito trabalhista. 3. Cooperativas de trabalho. I. Título.

2025-424   CDD 344.01 CDU 349.2

Elaborado por Vagner Rodolfo da Silva - CRB-8/9410

Índices para Catálogo Sistemático:

1. Direito trabalhista 344.01

2. Direito trabalhista 349.2

SERGIO
PINTO
MARTINS

COOPERATIVAS
DE **TRABALHO**

OITAVA EDIÇÃO

2025 © Editora Foco

Autor: Sergio Pinto Martins
Diretor Acadêmico: Leonardo Pereira
Editor: Roberta Densa
Coordenadora Editorial: Paula Morishita
Revisora Sênior: Georgia Renata Dias
Revisora Júnior: Adriana Souza Lima
Capa Criação: Leonardo Hermano
Diagramação: Ladislau Lima e Aparecida Lima
Impressão miolo e capa: META BRASIL

DIREITOS AUTORAIS: É proibida a reprodução parcial ou total desta publicação, por qualquer forma ou meio, sem a prévia autorização da Editora FOCO, com exceção do teor das questões de concursos públicos que, por serem atos oficiais, não são protegidas como Direitos Autorais, na forma do Artigo 8º, IV, da Lei 9.610/1998. Referida vedação se estende às características gráficas da obra e sua editoração. A punição para a violação dos Direitos Autorais é crime previsto no Artigo 184 do Código Penal e as sanções civis às violações dos Direitos Autorais estão previstas nos Artigos 101 a 110 da Lei 9.610/1998. Os comentários das questões são de responsabilidade dos autores.

NOTAS DA EDITORA:

Atualizações e erratas: A presente obra é vendida como está, atualizada até a data do seu fechamento, informação que consta na página II do livro. Havendo a publicação de legislação de suma relevância, a editora, de forma discricionária, se empenhará em disponibilizar atualização futura.

Erratas: A Editora se compromete a disponibilizar no site www.editorafoco.com.br, na seção Atualizações, eventuais erratas por razões de erros técnicos ou de conteúdo. Solicitamos, outrossim, que o leitor faça a gentileza de colaborar com a perfeição da obra, comunicando eventual erro encontrado por meio de mensagem para contato@editorafoco.com.br. O acesso será disponibilizado durante a vigência da edição da obra.

Impresso no Brasil (2.2025) – Data de Fechamento (2.2025)

2025
Todos os direitos reservados à
Editora Foco Jurídico Ltda.
Rua Antonio Brunetti, 593 – Jd. Morada do Sol
CEP 13348-533 – Indaiatuba – SP

E-mail: contato@editorafoco.com.br
www.editorafoco.com.br

Ao Marcos Boer pelo apoio que sempre tem sido dado.

TRABALHOS DO AUTOR

LIVROS

1. *Imposto sobre serviços – ISS*. São Paulo: Atlas, 1992.
2. *Direito da seguridade social*. 42. ed. São Paulo: Saraiva, 2024.
3. *Direito do trabalho*. 40. ed. São Paulo: Saraiva, 2024.
4. *A terceirização e o direito do trabalho*. 17. ed. São Paulo: Saraiva, 2019.
5. *Manual do ISS*. 10. ed. São Paulo: Saraiva, 2017.
6. *Participação dos empregados nos lucros das empresas*. 6. ed. Indaiatuba: Foco, 2025.
7. *Práticas discriminatórias contra a mulher e outros estudos*. São Paulo: LTr, 1996.
8. *Contribuição confederativa*. São Paulo: LTr, 1996.
9. *Medidas cautelares*. São Paulo: Malheiros, 1996.
10. *Manual do trabalho doméstico*. 15. ed. Indaiatuba: Foco, 2025.
11. *Tutela antecipada e tutela específica no processo do trabalho*. 4. ed. São Paulo: Atlas, 2013.
12. *Manual do FGTS*. 6. ed. Indaiatuba: Foco, 2025.
13. *Comentários à CLT*. 21. ed. São Paulo: Saraiva, 2018.
14. *Manual de direito do trabalho*. 11. ed. São Paulo: Saraiva, 2018.
15. *Direito processual do trabalho*. 39. ed. São Paulo: Saraiva, 2017.
16. *Contribuições sindicais*. 5. ed. São Paulo: Atlas, 2009.
17. *Contrato de trabalho de prazo determinado e banco de horas*. 4. ed. São Paulo: Atlas, 2002.
18. *Estudos de direito*. São Paulo: LTr, 1998.
19. *Legislação previdenciária*. 22. ed. São Paulo: Saraiva, 2016.
20. *Síntese de direito do trabalho*. Curitiba: JM, 1999.
21. *A continuidade do contrato de trabalho*. 3. ed. Indaiatuba: Foco, 2025.
22. *Flexibilização das condições de trabalho*. 7. ed. Indaiatuba: Foco, 2025.
23. *Legislação sindical*. São Paulo: Atlas, 2000.
24. *Comissões de conciliação prévia*. 3. ed. São Paulo: Atlas, 2008.
25. *Col. Fundamentos: direito processual do trabalho*. 21. ed. São Paulo: Saraiva, 2018.
26. *Instituições de direito público e privado*. 17. ed. São Paulo: Saraiva, 2017.
27. *Col. Fundamentos: direito do trabalho*. 19. ed. São Paulo: Saraiva, 2018.

28. *Col. Fundamentos: direito da seguridade social.* 17. ed. São Paulo: Saraiva, 2016.

29. *O pluralismo do direito do trabalho.* 3. ed. Indaiatuba: Foco, 2025.

30. *Greve no serviço público.* 3. ed. Indaiatuba: Foco, 2025.

31. *Execução da contribuição previdenciária na Justiça do Trabalho.* 5. ed. São Paulo: Saraiva, 2019.

32. *Manual de direito tributário.* 17. ed. São Paulo: Saraiva, 2018.

33. *CLT universitária.* 24. ed. São Paulo: Saraiva, 2018.

34. *Cooperativas de trabalho.* 8. ed. Indaiatuba: Foco, 2025.

35. *Reforma previdenciária.* 2. ed. São Paulo: Atlas, 2006.

36. *Manual da justa causa.* 8. ed. Indaiatuba: Foco, 2025.

37. *Comentários às súmulas do TST.* 16. ed. São Paulo: Saraiva, 2016.

38. *Constituição. CLT. Legislação previdenciária e legislação complementar.* 3. ed. São Paulo: Atlas, 2012.

39. *Dano moral decorrente do contrato de trabalho.* 6. ed. Indaiatuba: Foco, 2025.

40. *Profissões regulamentadas.* 2. ed. São Paulo: Atlas, 2013.

41. *Direitos fundamentais trabalhistas.* 2. ed. São Paulo: Atlas, 2015.

42. *Convenções da OIT.* 3. ed. São Paulo: Saraiva, 2016.

43. *Estágio e relação de emprego.* 6. ed. Indaiatuba: Foco, 2025.

44. *Comentários às Orientações Jurisprudenciais da SBDI-1 e 2 do TST.* 7. ed. São Paulo: Saraiva, 2016.

45. *Direitos trabalhistas do atleta profissional de futebol.* 2. ed. São Paulo: Saraiva, 2016.

46. *Prática trabalhista.* 8. ed. São Paulo: Saraiva, 2018.

47. *Assédio moral no emprego.* 6. ed. Indaiatuba: Foco, 2025.

48. Comentários à Lei n. 8.212/91. *Custeio da Seguridade Social.* São Paulo: Atlas, 2013.

49. Comentários à Lei n. 8.213/91. *Benefícios da Previdência Social.* São Paulo: Atlas, 2013.

50. *Prática previdenciária.* 3. ed. São Paulo: Saraiva, 2017.

51. *Teoria geral do processo.* 9. ed. São Paulo: Saraiva, 2024.

52. *Teoria geral do Estado.* 3. ed. São Paulo: Saraiva, 2024.

53. *Reforma trabalhista.* São Paulo: Saraiva, 2018.

54. *Introdução ao estudo do Direito.* 3ª ed. São Paulo: Saraiva, 2024.

ARTIGOS

1. A dupla ilegalidade do IPVA. *Folha de S. Paulo,* São Paulo, 12 mar. 1990. Caderno C, p. 3.

2. Descumprimento da convenção coletiva de trabalho. *LTr,* São Paulo, n. 54-7/854, jul. 1990.

TRABALHOS DO AUTOR

3. *Franchising* ou contrato de trabalho? *Repertório IOB de Jurisprudência*, n. 9, texto 2/4990, p. 161, 1991.

4. A multa do FGTS e o levantamento dos depósitos para aquisição de moradia. *Orientador Trabalhista – Suplemento de Jurisprudência e Pareceres*, n. 7, p. 265, jul. 1991.

5. O precatório e o pagamento da dívida trabalhista da fazenda pública. *Jornal do II Congresso de Direito Processual do Trabalho*, p. 42. jul. 1991. (Promovido pela LTr Editora.)

6. As férias indenizadas e o terço constitucional. *Orientador Trabalhista Mapa Fiscal – Suplemento de Jurisprudência e Pareceres*, n. 8, p. 314, ago. 1991.

7. O guarda de rua contratado por moradores. Há relação de emprego? *Folha Metropolitana*, Guarulhos, 12 set. 1991, p. 3.

8. O trabalhador temporário e os direitos sociais. *Informativo Dinâmico IOB*, n. 76, p. 1.164, set. 1991.

9. O serviço prestado após as cinco horas em sequência ao horário noturno. *Orientador Trabalhista Mapa Fiscal – Suplemento de Jurisprudência e Pareceres*, n. 10, p. 414, out. 1991.

10. Incorporação das cláusulas normativas nos contratos individuais do trabalho. *Jornal do VI Congresso Brasileiro de Direito Coletivo do Trabalho e V Seminário sobre Direito Constitucional do Trabalho*, p. 43. nov. 1991. (Promovido pela LTr Editora.)

11. Adicional de periculosidade no setor de energia elétrica: algumas considerações. *Orientador Trabalhista Mapa Fiscal – Suplemento de Jurisprudência e Pareceres*, n. 12, p. 544, dez. 1991.

12. Salário-maternidade da empregada doméstica. *Folha Metropolitana*, Guarulhos, p. 7, 2-3 fev. 1992.

13. Multa pelo atraso no pagamento de verbas rescisórias. *Repertório IOB de Jurisprudência*, n. 1, texto 2/5839, p. 19, 1992.

14. Base de cálculo dos adicionais. *Orientador Trabalhista Mapa Fiscal – Suplemento de Legislação, Jurisprudência e Doutrina*, n. 2, p. 130, fev. 1992.

15. Base de cálculo do adicional de insalubridade. *Orientador Trabalhista Mapa Fiscal – Suplemento de Legislação, Jurisprudência e Doutrina*, n. 4, p. 230, abr. 1992.

16. Limitação da multa prevista em norma coletiva. *Repertório IOB de Jurisprudência*, n. 10, texto 2/6320, p. 192, 1992.

17. Estabilidade provisória e aviso-prévio. *Orientador Trabalhista Mapa Fiscal – Suplemento de Legislação, Jurisprudência e Doutrina*, n. 5, p. 279, maio 1992.

18. Contribuição confederativa. *Orientador Trabalhista Mapa Fiscal – Suplemento de Legislação, Jurisprudência e Doutrina*, n. 6, p. 320, jun. 1992.

19. O problema da aplicação da norma coletiva de categoria diferenciada à empresa que dela não participou. *Orientador Trabalhista Mapa Fiscal – Suplemento de Legislação, Jurisprudência e Doutrina*, n. 7, p. 395, jul. 1992.

20. Intervenção de terceiros no processo de trabalho: cabimento. *Jornal do IV Congresso Brasileiro de Direito Processual do Trabalho*, jul. 1992, p. 4. (Promovido pela LTr Editora.)

21. Relação de emprego: dono de obra e prestador de serviços. *Folha Metropolitana*, Guarulhos, 21 jul. 1992, p. 5.

22. Estabilidade provisória do cipeiro. *Orientador Trabalhista Mapa Fiscal – Suplemento de Legislação, Jurisprudência e Doutrina*, n. 8, p. 438, ago. 1992.

23. O ISS e a autonomia municipal. *Suplemento Tributário LTr*, n. 54, p. 337, 1992.

24. Valor da causa no processo do trabalho. *Suplemento Trabalhista LTr*, n. 94, p. 601, 1992.

25. Estabilidade provisória do dirigente sindical. *Orientador Trabalhista Mapa Fiscal – Suplemento de Legislação, Jurisprudência e Doutrina*, n. 9, p. 479, set. 1992.

26. Estabilidade no emprego do aidético. *Folha Metropolitana*, Guarulhos, 20-21 set. 1992, p. 16.

27. Remuneração do engenheiro. *Orientador Trabalhista Mapa Fiscal – Suplemento de Legislação, Jurisprudência e Doutrina*, n. 10, p. 524, out. 1992.

28. Estabilidade do acidentado. *Repertório IOB de Jurisprudência*, n. 22, texto 2/6933, p. 416, 1992.

29. A terceirização e suas implicações no direito do trabalho. *Orientador Trabalhista Mapa Fiscal – Legislação, Jurisprudência e Doutrina*, n. 11, p. 583, nov. 1992.

30. Contribuição assistencial. *Jornal do VII Congresso Brasileiro de Direito Coletivo do Trabalho e VI Seminário sobre Direito Constitucional do Trabalho*, nov. 1992, p. 5.

31. Descontos do salário do empregado. *Orientador Trabalhista Mapa Fiscal – Suplemento de Legislação, Jurisprudência e Doutrina*, n. 12, p. 646, dez. 1992.

32. Transferência de empregados. *Orientador Trabalhista Mapa Fiscal – Suplemento de Legislação, Jurisprudência e Doutrina*, n. 1, p. 57, jan. 1993.

33. A greve e o pagamento dos dias parados. *Orientador Trabalhista Mapa Fiscal – Suplemento de Legislação, Jurisprudência e Doutrina*, n. 2, p. 138, fev. 1993.

34. Auxílio-doença. *Folha Metropolitana*, Guarulhos, 30 jan. 1993, p. 5.

35. Salário-família. *Folha Metropolitana*, Guarulhos, 16 fev. 1993, p. 5.

36. Depósito recursal. *Repertório IOB de Jurisprudência*, n. 4, texto 2/7239, p. 74, fev. 1993.

37. Terceirização. *Jornal Magistratura & Trabalho*, n. 5, p. 12, jan. e fev. 1993.

38. Auxílio-natalidade. *Folha Metropolitana*, Guarulhos, 9 mar. 1993, p. 4.

39. A diarista pode ser considerada empregada doméstica? *Orientador Trabalhista Mapa Fiscal – Suplemento Trabalhista Mapa Fiscal – Suplemento de Legislação, Jurisprudência e Doutrina*, n. 3/93, p. 207.

40. Renda mensal vitalícia. *Folha Metropolitana*, Guarulhos, 17 mar. 1993, p. 6.

41. Aposentadoria espontânea com a continuidade do aposentado na empresa. *Jornal do Primeiro Congresso Brasileiro de Direito Individual do Trabalho*, 29 e 30 mar. 1993, p. 46-47. (Promovido pela LTr Editora.)

42. Relação de emprego e atividades ilícitas. *Orientador Trabalhista Mapa Fiscal – Suplemento de Legislação, Jurisprudência e Doutrina*, n. 5/93, p. 345.

43. Conflito entre norma coletiva do trabalho e legislação salarial superveniente. *Revista do Advogado*, n. 39, p. 69, maio 1993.

44. Condição jurídica do diretor de sociedade em face do direito do trabalho. *Orientador Trabalhista Mapa Fiscal – Suplemento de Legislação, Jurisprudência e Doutrina*, n. 6/93, p. 394.

45. Equiparação salarial. *Orientador Trabalhista Mapa Fiscal – Suplemento de Legislação, Jurisprudência e Doutrina*, n. 7/93, p. 467.

46. Dissídios coletivos de funcionários públicos. *Jornal do V Congresso Brasileiro de Direito Processual do Trabalho*, jul. 1993, p. 15. (Promovido pela LTr Editora.)

47. Contrato coletivo de trabalho. *Orientador Trabalhista Mapa Fiscal – Suplemento de Legislação, Jurisprudência e Doutrina*, n. 8/93, p. 536.

48. Reintegração no emprego do empregado aidético. *Suplemento Trabalhista LTr*, n. 102/93, p. 641.

49. Incidência da contribuição previdenciária nos pagamentos feitos na Justiça do Trabalho. *Orientador Trabalhista Mapa Fiscal – Suplemento de Legislação, Jurisprudência e Doutrina*, n. 9/93, p. 611.

50. Contrato de trabalho por obra certa. *Orientador Trabalhista Mapa Fiscal – Suplemento de Legislação, Jurisprudência e Doutrina*, n. 10/93, p. 674.

51. Autoaplicabilidade das novas prestações previdenciárias da Constituição. *Revista de Previdência Social*, n. 154, p. 697, set. 1993.

52. Substituição processual e o Enunciado 310 do TST. *Orientador Trabalhista Mapa Fiscal – Suplemento de Legislação, Jurisprudência e Doutrina*, n. 11/93, p. 719.

53. Litigância de má-fé no processo do trabalho. *Repertório IOB de Jurisprudência*, n. 22/93, texto 2/8207, p. 398.

54. Constituição e custeio do sistema confederativo. *Jornal do VIII Congresso Brasileiro de Direito Coletivo do Trabalho e VII Seminário sobre Direito Constitucional do Trabalho*, nov. 1993, p. 68. (Promovido pela LTr Editora.)

55. Participação nos lucros. *Orientador Trabalhista Mapa Fiscal – Suplemento de Legislação, Jurisprudência e Doutrina*, n. 12/93, p. 778.

56. Auxílio-funeral. *Folha Metropolitana*, Guarulhos, 22-12-1993, p. 5.

57. Regulamento de empresa. *Orientador Trabalhista Mapa Fiscal – Suplemento de Legislação, Jurisprudência e Doutrina*, n. 1/94, p. 93.

58. Aviso-prévio. *Orientador Trabalhista Mapa Fiscal – Suplemento de Legislação, Jurisprudência e Doutrina*, n. 2/94, p. 170.

59. Compensação de horários. *Orientador Trabalhista Mapa Fiscal – Suplemento de Legislação, Jurisprudência e Doutrina*, n. 3/94, p. 237.

60. Controle externo do Judiciário. *Folha Metropolitana*, Guarulhos, 10-3-1994, p. 2; *Folha da Tarde*, São Paulo, 26-3-1994, p. A2.

61. Aposentadoria dos juízes. *Folha Metropolitana*, Guarulhos, 11-3-1994, p. 2; *Folha da Tarde*, São Paulo, 23-3-1994, p. A2.

62. Base de cálculo da multa de 40% do FGTS. *Jornal do Segundo Congresso Brasileiro de Direito Individual do Trabalho*, promovido pela LTr, 21 a 23-3-1994, p. 52.

63. Denunciação da lide no processo do trabalho. *Repertório IOB de Jurisprudência*, n. 7/94, abril de 1994, p. 117, texto 2/8702.

64. A quitação trabalhista e o Enunciado n. 330 do TST. *Orientador Trabalhista Mapa Fiscal – Suplemento de Legislação, Jurisprudência e Doutrina*, n. 4/94, p. 294.

65. A indenização de despedida prevista na Medida Provisória n. 457/94. *Repertório IOB de Jurisprudência*, n. 9/94, p. 149, texto 2/8817.

66. A terceirização e o Enunciado n. 331 do TST. *Orientador Trabalhista Mapa Fiscal – Suplemento de Legislação, Jurisprudência e Doutrina*, n. 5/94, p. 353.

67. Superveniência de acordo ou convenção coletiva após sentença normativa – prevalência. *Orientador Trabalhista Mapa Fiscal – Suplemento de Legislação, Jurisprudência e Doutrina*, n. 6/94, p. 386.

68. Licença-maternidade da mãe adotiva. *Orientador Trabalhista Mapa Fiscal – Suplemento de Legislação, Jurisprudência e Doutrina*, n. 7/94, p. 419.

69. Medida cautelar satisfativa. *Jornal do 6º Congresso Brasileiro de Direito Processual do Trabalho*, promovido pela LTr nos dias 25 a 27-7-1994, p. 58.

70. Estabelecimento prestador do ISS. *Suplemento Tributário LTr*, n. 35/94, p. 221.

71. Turnos ininterruptos de revezamento. *Orientador Trabalhista Mapa Fiscal – Suplemento de Legislação, Jurisprudência e Doutrina*, n. 8/94, p. 468.

72. Considerações em torno do novo Estatuto da OAB. *Repertório IOB de Jurisprudência*, n. 17/94, set. 1994, p. 291, texto 2/9269.

73. Diárias e ajudas de custo. *Orientador Trabalhista Mapa Fiscal – Suplemento de Legislação, Jurisprudência e Doutrina*, n. 9/94, p. 519.

74. Reajustes salariais, direito adquirido e irredutibilidade salarial. *Orientador Trabalhista Mapa Fiscal – Suplemento de Legislação, Jurisprudência e Doutrina*, n. 10/94, p. 586.

75. Os serviços de processamento de dados e o Enunciado n. 239 do TST. *Orientador Trabalhista Mapa Fiscal – Suplemento de Legislação, Jurisprudência e Doutrina*, n. 11/94, p. 653.

76. Desnecessidade de depósito administrativo e judicial para discutir o crédito da seguridade social. *Orientador Trabalhista Mapa Fiscal – Suplemento de Legislação, Jurisprudência e Doutrina*, n. 12/94, p. 700.

77. Número máximo de dirigentes sindicais beneficiados com estabilidade. *Repertório IOB de Jurisprudência*, n. 24/94, dezembro de 1994, p. 408, texto 2/9636.

78. Participação nos lucros e incidência da contribuição previdenciária. *Revista de Previdência Social*, n. 168, nov. 1994, p. 853.

79. Proteção do trabalho da criança e do adolescente – considerações gerais. *BTC – Boletim Tributário Contábil – Trabalho e Previdência*, dez. 1994, n. 51, p. 625.

80. Critérios de não discriminação no trabalho. *Orientador Trabalhista Mapa Fiscal – Suplemento de Legislação, Jurisprudência e Doutrina*, n. 1/95, p. 103.

81. Embargos de declaração no processo do trabalho e a Lei n. 8.950/94 que altera o CPC. *Repertório IOB de Jurisprudência*, n. 3/95, fev. 1995, texto 2/9775, p. 41.

82. Empregado doméstico – Questões polêmicas. *Orientador Trabalhista Mapa Fiscal – Suplemento de Legislação, Jurisprudência e Doutrina*, n. 2/95, p. 152.

83. Não concessão de intervalo para refeição e pagamento de hora extra. *Orientador Trabalhista Mapa Fiscal – Suplemento de Legislação, Jurisprudência e Doutrina*, n. 3/95, p. 199.

84. Lei altera artigo da CLT e faz prover conflitos. *Revista Literária de Direito*, mar./abr. 1995, p. 13.

85. Empregados não sujeitos ao regime de duração do trabalho e o art. 62 da CLT. *Orientador Trabalhista Mapa Fiscal – Suplemento de Legislação, Jurisprudência e Doutrina*, n. 4/95, p. 240.

86. A Justiça do Trabalho não pode ser competente para resolver questões entre sindicato de empregados e empregador. *Revista Literária de Direito*, maio/jun. 1995, p. 10.

87. Minutos que antecedem e sucedem a jornada de trabalho. *Orientador Trabalhista Mapa Fiscal – Suplemento de Legislação, Jurisprudência e Doutrina*, n. 5/95, p. 297.

88. Práticas discriminatórias contra a mulher e a Lei n. 9.029/95. *Repertório IOB de Jurisprudência*, n. 11/95, jun. 1995, p. 149, texto 2/10157.

89. Conflito entre a nova legislação salarial e a norma coletiva anterior. *Orientador Trabalhista Mapa Fiscal – Suplemento de Legislação, Jurisprudência e Doutrina*, n. 6/95, p. 362.

90. Imunidade tributária. *Suplemento Tributário LTr*, 34/95, p. 241.

91. Cogestão. *Revista do Tribunal Regional do Trabalho da 8ª Região*, v. 28, n. 54, jan./jun. 1995, p. 101.

92. Licença-paternidade. *Orientador Trabalhista Mapa Fiscal – Suplemento de Legislação, Jurisprudência e Doutrina*, n. 7/95, p. 409.

93. Embargos de declaração. *Jornal do VII Congresso Brasileiro de Direito Processual de Trabalho*, São Paulo: LTr, 24 a 26 jul. 1995, p. 54.

94. Reforma da Constituição e direitos previdenciários. *Jornal do VIII Congresso Brasileiro de Previdência Social*, n. 179, out. 1995, p. 723.

95. Ação declaratória incidental e coisa julgada no processo do trabalho. *Suplemento Trabalhista LTr 099/95*, p. 665 e *Revista do TRT da 8ª Região*, Belém, v. 28, n. 55, jul./dez. 1995, p. 39.

SUMÁRIO

TRABALHOS DO AUTOR VII

    Livros.. VII

    Artigos VIII

NOTA DO AUTOR XXI

1. INTRODUÇÃO.. 1

2. HISTÓRICO... 5

    2.1 Evolução no mundo 5

    2.2 Evolução da legislação no Brasil 17

        2.2.1 Introdução 17

        2.2.2 Decreto n. 979/1903 18

        2.2.3 Decreto n. 1.637/1907 18

        2.2.4 Decreto n. 19.770/31 19

        2.2.5 Decreto n. 22.239/32 20

        2.2.6 Decreto n. 23.611/33 22

        2.2.7 Decreto n. 24.647/34 22

        2.2.8 Decreto n. 581/38.. 23

        2.2.9 Decreto n. 926/38.. 23

        2.2.10 Decreto-Lei n. 1.386/39... 23

        2.2.11 Decreto n. 6.980/41... 23

        2.2.12 Decreto n. 5.154/42... 24

        2.2.13 Decreto-Lei n. 5.452/43... 24

        2.2.14 Decreto-Lei n. 5.893/43... 24

        2.2.15 Decreto-Lei n. 8.401/45... 24

        2.2.16 Lei n. 3.189/57.. 24

2.2.17	Decreto n. 46.438/59	24
2.2.18	Lei n. 4.504/64	25
2.2.19	Lei n. 4.595/64	25
2.2.20	Decreto-Lei n. 59/66	26
2.2.21	Decreto n. 60.597/67	26
2.2.22	Lei n. 5.764/71	27
2.2.23	Ato Declaratório n. II/83	27
2.2.24	Constituição de 1988	27
2.2.25	Constituições estaduais	29
2.2.26	Lei n. 8.630/93	29
2.2.27	Lei n. 8.949/94	30
2.2.28	Lei Complementar n. 84/96	31
2.2.29	Lei n. 9.867/99	31
2.2.30	Lei n. 9.711/98	32
2.2.31	Lei n. 9.876/99	32
2.2.32	Ministério do Trabalho	32

3. CONCEITO		37
3.1	Etimologia	37
3.2	Denominação	37
3.3	Conceito	38

4. DISTINÇÃO		43
4.1	Empresa	43
4.2	Empresa de trabalho temporário	43
4.3	Sindicatos	43
4.4	Associação	44
4.5	Organizações comunitárias de trabalho	44

5. NATUREZA JURÍDICA	47

6. OBJETIVO	51

7. CLASSIFICAÇÃO 53

8. PRINCÍPIOS 59

9. CARACTERÍSTICAS 65

10. CONSTITUIÇÃO DAS SOCIEDADES COOPERATIVAS 75

11. FUNCIONAMENTO DAS COOPERATIVAS DE TRABALHO 81

12. VANTAGENS E DESVANTAGENS DAS COOPERATIVAS 85

13. ORGANIZAÇÃO INTERNACIONAL DO TRABALHO 89

14. DISTINÇÃO DO CONTRATO DE TRABALHO 93

15. ÁREA RURAL 109

16. DIREITOS DOS COOPERADOS 111

17. PROGRAMA NACIONAL DE FOMENTO ÀS COOPERATIVAS DE TRABA-
LHO 117

18. FISCALIZAÇÃO TRABALHISTA 119

   18.1 Fiscalização 119

   18.2 Ministério Público do Trabalho 121

19. LEGISLAÇÃO ESTRANGEIRA 131

   19.1 Alemanha 131

   19.2 Argentina 131

   19.3 Bélgica 132

   19.4 Canadá 132

19.5 Espanha 132

19.6 Estados Unidos 134

19.7 França 134

19.8 Itália 135

19.9 México 135

19.10 Paraguai 136

19.11 Portugal 136

19.12 Suíça 137

19.13 Venezuela 137

19.14 Uruguai 137

20. GARANTIA DE EMPREGO DO DIRIGENTE DA COOPERATIVA 139

20.1 Garantia de emprego 139

20.2 Garantia de emprego na cooperativa 140

20.3 Objetivo 140

20.4 Período de garantia 141

20.5 Comunicação 141

20.6 Número de dirigentes 141

20.7 Suplente 142

20.8 Membro do Conselho de Administração 143

20.9 Membro do Conselho Fiscal 144

20.10 Empresas 145

20.11 Inquérito para apuração de falta grave 146

21. REGULAMENTO 149

22. TRIBUTAÇÃO PELO ISS DOS SERVIÇOS DAS COOPERATIVAS 151

22.1 Introdução 151

22.2 Incidência do iss sobre as cooperativas 151

22.2.1 Fato gerador 151

22.2.2 Base de cálculo 155

22.2.3 Contribuinte 156

22.2.4 Lista de serviços 157

22.2.5 Conclusão 157

23. OUTROS IMPOSTOS OU CONTRIBUIÇÕES 159

CONCLUSÃO 161

ANEXO 165

Lei n. 12.690, de 19 de julho de 2012 165

REFERÊNCIAS 173

ÍNDICE REMISSIVO 177

NOTA DO AUTOR

A ideia de fazer um livro sobre cooperativas de trabalho era antiga.

Um de meus projetos de pesquisa na Faculdade de Direito da USP era justamente a cooperativa e suas possibilidades de proporcionar trabalho num contexto de desemprego.

Fiz muitas palestras sobre o tema, quase uma por mês. Tinha um texto desorganizado sobre o assunto, com trechos repetidos. Pretendia justamente reunir esse material para fazer um livro.

Na arrumação que fazia dos textos, cheguei, num primeiro momento, a 50 páginas, o que era muito pouco para um livro. Mais tarde, consegui 60 *páginas*. À medida que reescrevia e reorganizava os textos, o resultado era sempre o mesmo número de páginas, porém com uma redação muito melhor. Ao final, o texto ficou maior, razão pela qual resolvi publicá-lo como livro.

Não é um livro que tem por objetivo analisar o Direito estrangeiro sobre o tema, mas estudar as cooperativas e verificar a aplicação das cooperativas de trabalho no cotidiano, visando evitar fraudes em sua contratação com vista em burlar direitos trabalhistas. Ao final, são feitas considerações sobre a legislação estrangeira, mas apenas com aspectos indicativos e não com maiores preocupações.

Foram feitas novas atualizações com base na Lei n. 12.690/2012 e decisões do STF.

O Autor

1
INTRODUÇÃO

Em razão da globalização das economias e da automatização, as empresas procuram direcionar seus investimentos para os locais em que o custo da mão de obra é inferior, visando a que o preço de seu produto ou serviço seja mais baixo e possa competir no mercado. Há, assim, uma mudança de investimentos de um local para outro, pois o capital não tem pátria, indo para o local em que a tributação é menor ou o custo do trabalho também é inferior ao local onde está.

Tenta-se também a terceirização e outras formas de contratação de trabalho.

A legislação do trabalho não tem protegido o trabalhador. Por haver excesso de regulamentação, o trabalhador não é contratado ou é contratado sem reconhecimento do vínculo de emprego. Daí por que passam a existir novas formas de contratação sem a existência de contrato de trabalho, por exemplo, o trabalho contratado por meio das cooperativas.

As cooperativas de trabalho não deixam de ser uma forma de terceirização e de flexibilização das relações de trabalho.

A necessidade do estudo do tema diz respeito a analisar a cooperativa como alternativa para o trabalho das pessoas, porém desde que sejam observados os requisitos previstos em lei.

O exame da matéria é interdisciplinar, pois envolve questões de Direito Civil, principalmente em razão do atual Código Civil, de Direito Comercial e de Direito do Trabalho. Constatou-se que a maioria dos autores que tratam do tema escreve no Direito Comercial ou é especialista nessa matéria.

Inicialmente, é feito um histórico a respeito das cooperativas, em que são apontados os principais aspectos, a evolução da legislação e também os motivos para a formação das cooperativas.

É estabelecido o conceito de cooperativa, partindo da legislação e, depois, da doutrina, até se chegar à distinção da cooperativa de outros tipos de sociedades.

É estudada a natureza jurídica da sociedade cooperativa sob vários aspectos, analisando a doutrina sobre o tema.

Na classificação das cooperativas, são indicadas suas várias formas.

São enumerados os princípios aceitos em relação às cooperativas.

As características das cooperativas são diferenciadas, dizendo respeito a vários aspectos, que precisam ser enumerados.

A constituição das sociedades cooperativas não envolve apenas o registro no órgão competente, mas também uma série de outros tópicos, que necessitam ser considerados.

São apontadas as vantagens e desvantagens das cooperativas, inclusive do ponto de vista do custo do trabalho.

A Organização Internacional do Trabalho tem algumas normas sobre cooperativas, visando fomentá-las.

Tópico essencial neste livro é a distinção do contrato de trabalho em relação às cooperativas. Tento mostrar a compatibilização entre o trabalho cooperado e o subordinado, apontando as hipóteses em que haverá fraude à lei, inclusive analisando o tema na área rural.

Foi feito o estudo da doutrina e da jurisprudência sobre as cooperativas, de modo a indicar aspectos que devem ser ponderados na criação e na contratação de cooperativas de prestação de serviços. A fiscalização trabalhista das cooperativas também é estudada, sendo enumeradas e comentadas as normas que versam sobre o tema.

Na legislação estrangeira, são indicados os aspectos mais importantes relativos às cooperativas, principalmente os que são diversos de nossa legislação ou que foram encontrados.

Entendi ser importante falar da garantia de emprego do dirigente da cooperativa, pois essa pessoa irá dirigir a sociedade, além do que envolve aspecto trabalhista.

Por fim, achei interessante fazer considerações sobre a tributação das cooperativas, principalmente do ISS, em razão dos aspectos peculiares que possui a sociedade para efeito de incidência de tributos.

Ao final, são oferecidas as conclusões a respeito do estudo.

Assim como G. Aronson era o inimigo número 1 dos preços altos, a Justiça do Trabalho é acusada de ser a inimiga número 1 das cooperativas. A G. Aronson faliu. A Justiça do Trabalho ainda não, apesar de ter um número excessivo de processos, mas já tentaram acabar com ela e com seus órgãos. Felizmente, isso não ocorreu.

Penso que o pior problema a respeito das cooperativas é não entendê-las, não se estudar nada sobre elas, julgar por impulso no sentido de que todas as cooperativas não prestam ou são fraudulentas.

É preciso analisar, porém, as cooperativas como elas são, examinando a realidade dos fatos, e não de acordo com ideias preconcebidas, de que sempre há fraude. Para isso, é preciso visitar as cooperativas, participar de reuniões com elas e aprender o que é cooperativa.

Penso que a primeira coisa que deve ser transmitida a respeito da cooperativa, quando ela vai passar a prestar serviços numa empresa, é de não se vender ilusão. Não existe milagre em lugar nenhum. Para ser cooperado é preciso atender aos requisitos da lei.

2
HISTÓRICO

2.1 EVOLUÇÃO NO MUNDO

O homem, por natureza, é um ser gregário, que vive numa comunidade. As pessoas acabam estabelecendo um sistema de cooperação entre elas para determinado fim.

Em tempos antigos, as cooperativas já eram encontradas na caça e na pesca e até na construção de habitações de povos antigos.

No Egito antigo, por volta de 3000 a. C., no reinado dos faraós, havia associação de operários e artesãos para o controle do sistema de comércio.

Na Babilônia havia grupos de agricultores que tinham organização similar às cooperativas para efeito de gerenciamento e contabilidade comuns.

Na Grécia clássica, os trabalhadores das classes baixa ou média faziam um sistema cooperado para os cultos fúnebres ou assistência mútua, que eram conhecidas como Orglonem ou Thiasi.

Os gregos e os romanos criaram sociedade de auxílio mútuo para seguros.

Em 400 a. C., já havia união cooperada entre mercadores chineses, que eram prejudicados por naufrágios. Cada pessoa, em cada grupo de dez, levava uma caixa pertencente a outro mercador. Todos acabavam arcando com o sinistro da embarcação, evitando que o dono e sua família passassem necessidades.

John Bellers, em 1690, na Inglaterra, formou colônias cooperativas de trabalho. Visava terminar com o lucro e as indústrias inúteis.

Charles Fourier sustentava na França a criação de comunas agrícolas autossuficientes, que seriam semelhantes a cooperativas de produção agrícola. Eram denominadas *falanstério*. Esse sistema inspirou a criação dos *kibutzim*, em Israel. Os falanstérios tinham estruturas de cooperativas. Havia a repartição dos bens produzidos entre as pessoas, de acordo com o capital empregado, a capacidade e o trabalho de cada membro da comunidade. As falanges tinham 1.800 pessoas cada uma. As habitações das falanges eram denominadas *falanstério*. Fourier entendia que as pessoas deveriam ser associadas e proprietárias ao mesmo tempo. O trabalhador seria pago por dividendos e não por salários. Fomentava a solidariedade entre os trabalhadores. O falanstério seria autossuficiente, com produção diversificada para consumo exclusivo de seus membros.

Saint-Simon preconizava que a ordem social dualista, que reunia exploradores e explorados, fosse substituída pela associação universal dos trabalhadores. Cada trabalhador deveria ser remunerado de acordo com os méritos de seu trabalho, mas todos deviam ter igualdade de oportunidades.

Robert Owen é considerado um dos precursores das futuras cooperativas. Ao escrever *The new view of society*, em 1817, enfatizava a educação para elevação do homem. O homem é resultado de seu meio social[1]. Criou comunidade operária em New Lannark (Escócia). Preconizava a ajuda mútua para os trabalhadores obterem seus fins, combatendo o lucro e a concorrência. Propôs a criação das "Aldeias Cooperativas". Afirmava Owen que o homem não é bom nem mau, por natureza, mas o resultado de seu meio social. Uma vez modificado o meio, também o homem se modificará. A modificação deve ser pacífica, "sem prejudicar os direitos da propriedade tal como é atualmente organizada". Deveria haver a eliminação do lucro e da concorrência, causa de todos os males e injustiças sociais.

Em 1827, o armazém de Meltham Imils aplicava a ideia de distribuir sobras de acordo com o volume das operações.

William King, em 1827, em Brighton, Inglaterra, criou uma cooperativa de consumo.

Phillipe Joseph Benjamin Buchez defendia, em 1831, que o Estado não deveria interferir nos problemas das classes operárias. Para o funcionamento das cooperativas de trabalho eram fixados quatro princípios: a) democracia. Os trabalhadores iriam eleger seus próprios representantes; b) distribuição dos excedentes de forma proporcional ao trabalho prestado. Foram criados fundos para serem distribuídos em caso de doenças; c) inalienabilidade do capital social. Esse pertence à associação e é indissolúvel; d) inexistência de trabalhadores assalariados. Somente eram admitidos sócios. O Estado deveria intervir para fomentar e apoiar as novas empresas.

Buchez entendia que deveriam ser eliminados os empresários, que eram considerados por ele como parasitas ou intermediários desnecessários entre o consumidor e o operário. Os associados seriam seus próprios empresários. Periodicamente, seriam escolhidos em assembleias gerais os associados que iriam representar a sociedade e dirigi-la.

---

1. OWEN, Robert. *The new view of society*. Inglaterra: Woodstock Books, 1991, p. 91.

Pregava Buchez que os operários deveriam unir-se para: a) colocar em comum suas poupanças; b) obter empréstimos; c) produzir em comum; d) assegurar a todos igual salário; e) reunir as receitas líquidas em um fundo comum.

Em 1831, Buchez preconizou uma associação com determinado número de operários da mesma profissão, que seria regida por um contrato. Seria um meio de melhorar a condição dos assalariados e das cidades: a) os associados seriam considerados empresários; b) cada associado seria pago segundo os usos adotados na profissão, por dia, semana, tarefa etc.; c) reservar uma parte do recebimento destinada a formar lucro líquido, que seria repartido no final de cada ano em duas partes: 20% para formar um fundo de reserva e a outra parte seria dividida entre os trabalhadores, proporcionalmente aos dias de trabalho de cada um; d) o capital seria aumentado anualmente à razão de 20%. Seria inalienável e pertencente à associação. Não estaria sujeito à lei de sucessão hereditária. Buchez não aceita auxílio do Estado.

Em 1835, em Lyon, Le Commerce Véridique permitiu "a venda retalhista de comestíveis e artigos para o lar, com a participação do comprador nos ganhos anuais".

As cooperativas são encontradas na França, por volta do século XIX, quando os trabalhadores reagiram à Revolução Industrial, em razão de as máquinas terem eliminado vários empregos, além da escassez de determinada necessidade das pessoas. Eram denominadas *cooperativas operárias de produção*.

A indústria de flanela desenvolvia-se muito bem no ano de 1843, em Rochdale, Inglaterra. Os tecelões, em razão da situação próspera, pediram aumento de salário aos empresários. Estes não concordaram, com exceção de dois deles, que condicionaram os aumentos à aceitação das demais empresas. Houve greve. Alguns empresários não quiseram ceder e fecharam as fábricas.

Em novembro de 1843, 28 tecelões (27 homens e uma mulher) estavam desempregados resolveram juntar suas economias para montar um armazém cooperativo na cidade de Rochdale, distrito de Lancashire, próximo a Manchester, na Inglaterra. James Daty, Charles Howarth, James Smithies, Hill e John Bent entenderam que deveria ser aberto um armazém cooperativo de consumo. Charles Howarth era discípulo de Owen e chamado de "arquimedes da cooperação". Uma greve improdutiva tinha esgotado os recursos dos trabalhadores. Eles haviam perdido suas atividades, principalmente em razão da Revolução Industrial, ao ser utilizado o vapor como força propulsora e também pela criação das máquinas. Algumas dessas pessoas eram discípulas de Robert Owen, que tentou, inicialmente, estabelecer uma forma de socializar o trabalho. Após um ano de contribuições mensais, os cooperados conseguiram juntar 28 libras esterlinas para a abertura de um armazém (uma libra em relação a cada um), chamado Sociedade dos Probos Pioneiros de Rochdale (*Rochdale Society of Equitable Pioneers*). O armazém cooperativo foi criado em 21 de dezembro de 1844, procurando melhorar suas condições de trabalho e de vida. A cooperativa passou a comprar artigos de consumo no atacado. Os cooperados adquiriam--nos a preço de custo, que é o que se denominava de compra comunitária. Eram vendidos farinha, açúcar, manteiga, trigo e aveia. Charles Howarth era o líder do grupo de operários. Apenas 5% dos lucros eram destinados aos acionistas, e o restante era dividido entre os associados, na proporção de seus haveres. Foram estabelecidos princípios:

- adesão livre ou porta aberta, em que toda pessoa poderia entrar ou sair da cooperativa voluntariamente;

- gestão democrática. Os representantes eram eleitos em assembleias gerais. Para cada pessoa havia o direito a um voto, independentemente do número de cotas-partes;

- distribuição das sobras líquidas;

- retorno proporcional às operações. Havia a distribuição do excedente *pro rata* entre os membros;

- taxa limitada de juros sobre o capital social;

- constituição de um fundo de educação para os cooperados e do público em geral;

- ativa cooperação entre os cooperativistas, tanto em nível local, nacional e internacional;

- neutralidade política e religiosa.

O objetivo da cooperativa de Rochdale era possibilitar a distribuição de produtos para consumo dos associados. Era, portanto, uma cooperativa de consumo. Posteriormente, passou a ter a finalidade de aquisição de moradias para os sócios e compra de terras.

O Estatuto previa:

A sociedade tem por fim realizar vantagem pecuniária e melhorar as condições domésticas e sociais de seus membros, mediante a economia de um capital formado por ações de uma libra esterlina, para pôr em práticas os seguintes projetos:

Abrir um armazém para a venda de gêneros alimentícios, vestuário etc.

Comprar ou construir casas para os membros que desejam ajudar-se mutuamente a fim de melhorar as condições de sua vida doméstica e social.

Empreender a fabricação de artigos que a Sociedade julgar conveniente para proporcionar trabalho aos membros que não tiverem ocupação ou cujos salários sejam insuficientes.

Logo que seja possível, a Sociedade proporá a organização da produção, da distribuição e da educação no seu próprio meio e com seus próprios recursos ou, em outros termos, organizará uma colônia autônoma em que todos os interesses serão unidos e comuns. A Sociedade auxiliará as demais sociedades cooperativas que desejarem fundar colônias semelhantes.

Com o fim de propagar a abstinência, a Sociedade abrirá, em um dos seus locais, um estabelecimento de temperança.

Já se falava no lema: um homem, uma voz.

As multas cobradas por infração às regras sociais eram destinadas a um fundo especial de educação dos membros da sociedade e fomento da biblioteca.

A cooperativa de Rochdale era conduzida com um grande sentido prático, voltado para as necessidades dos cooperados.

Cooperativa de Rochdale:

Anos	Membros	Capital (libras)	Vendas
1844	28	28	
1845	70	181	710
1855	1.400	11.032	44.902
1865	5.326	78.778	196.234
1875	8.415	225.682	305.657
1885	11.084	324.645	252.072
1895	12.584	365.295	290.056
1905	12.802	246.126	280.601
1915	21.798	380.630	458.954
1925	25.144	482.688	677.800
1935	47.712	498.263•	651.652
1945	32.264	501.403	880.009
1955	29.017	403.118	1.314.397
1960	30.000		
1965	45.864	2.530.891	4.965.863
1970	49.763	3.760.712	6.864.551
1975	52.911	4.820.280	8.752.628

• Em 1935, a sociedade uniu-se à Provident Corolus & Smith Bridge Societies.

Fonte: International Cooperative Alliance.

Surgiram as cooperativas porque os trabalhadores perderam seus postos de trabalho com a Revolução Industrial, passando a prestar serviços às indústrias locais, por meio do próprio grupo e não de cada um individualmente. Em primeiro, elas não tinham objetivo de lucro, mas, mediante esforços em comum, satisfazer a suas necessidades. Elas opuseram-se ao capitalismo, de forma a corrigir seus exageros e suas distorções[2].

As cooperativas de Raiffeisen, na Alemanha, a partir de 1847, eram destinadas a atender às necessidades dos agricultores. A denominação era Caixas Rurais Raiffeisen. Tinham como característica o auxílio mútuo, mas poderiam ter caráter filantrópico. Não havia distribuição de sobras, nem remuneração aos dirigentes da sociedade. Concediam empréstimos a longo prazo. Fundam-se no princípio do amor ao próximo. A responsabilidade era solidária e ilimitada.

Em 1848, foi fundada associação, por Louis Blanc, na França, com 50 trabalhadores, tendo por base os princípios do cooperativismo, objetivando confeccionar uniformes para a Guarda Nacional. Logo, o número de associações subiu para 2.000. Essas associações espalharam-se em pouco tempo para mais de 100 mil. A reforma da sociedade deveria ser feita por meio de oficinas sociais (*atelier social*), que eram espécies de associações profissionais, reunindo trabalhadores do mesmo ramo de produção.

Louis Blanc exigia a ampla intervenção do Estado. Condenava a livre concorrência, que seria a principal responsável pelas injustiças sociais. Importava a separação entre as pessoas que detinham os instrumentos de produção.

Em 1852, na Inglaterra, surge o primeiro dispositivo legal sobre cooperativa, denominado *Industrial and Prevident Societies Act*. Assegurava-se à cooperativa a responsabilidade limitada e o direito a se federar.

Na Alemanha, em 1859, Herrmann Schulze fundou a Associação das Cooperativas Alemãs. Como ele vivia na cidade de Delitzsch, o modelo implantado passou a ser chamado de Schulze-Delitzsch. Era voltado para os pequenos produtores urbanos e para os artesãos.

As cooperativas de crédito de Schulze eram destinadas à classe média urbana, como artesãos, comerciantes etc. Não tinham caráter de associação classista, permitindo a participação de todas as categorias econômicas. O ganho era distribuído entre os associados, mediante pagamento de dividendos. Recusavam auxílios do Estado e de caráter filantrópico. A responsabilidade dos membros é solidária e ilimitada.

---

2. BULGARELLI, Waldirio. *As sociedades cooperativas e a sua disciplina jurídica*. Rio de Janeiro: Renovar, 1998, p. 127.

As cooperativas Haas são uma forma de transição entre as espécies Raiffeisen e Schulze-Delitzsch. A semelhança às cooperativas do tipo Raiffeisen diz respeito a haver restrições. As cooperativas seriam reunidas em federações. Assemelham-se às cooperativas Schulze-Delitzsch no ponto em que a cooperativa teria característica econômica. Havia renúncia a princípios cristãos.

Em 1863, Eduard Pfeiffer propôs na Alemanha um sistema cooperativista em oposição ao socialismo.

As cooperativas Luzatti, na Itália, a partir de 1864, adotaram a experiência das cooperativas Schulze-Delitzsch. Usavam o princípio da entreajuda, mas aceitavam auxílio estatal. Concediam empréstimos de acordo com a palavra de honra da pessoa. Não remuneravam os administradores. Exigiam completa idoneidade moral das pessoas. Afirmava Luzatti: "ajuda-te, Deus e o Estado te ajudarão".

> Haverá alguns mais ousados do que eu, que colocarão Deus de lado; outros, mais anarquistas, que afastarão o Estado; outros, enfim, eliminarão Deus e o Estado. Mas, quando isso acontecer, permanecerá ainda, apesar de tudo, o preceito ajudemo-nos uns aos outros – porque com essa ajuda recíproca encontraremos o verdadeiro caminho da redenção.

Na França, em 24 de julho de 1867, uma lei regulou as sociedades de capital variável. As cooperativas eram uma espécie dessas sociedades. Permitia a organização de trabalhadores em cooperativas. No mesmo ano, na Alemanha, também foi criada lei sobre o tema.

As cooperativas Wollembrog, organizadas na Itália a partir de 1883, tinham característica financeira. A responsabilidade era solidária e ilimitada dos associados. Não remuneravam os dirigentes e não havia retorno de sobras.

Charles Gide era professor de Economia Política na Faculdade de Direito de Paris. Suas ideias foram desenvolvidas a partir de 1885. O cooperativismo era forma de solidariedade: "o fim da cooperação é o trabalho para si, sem dúvida, mas também para os outros. Há necessidade de 'conciliar a justiça com a liberdade'".

> As sociedades cooperativistas servem para conferir à classe operária conhecimentos e virtudes sem os quais não conseguiria ela ocupar o lugar a que aspira e ao qual tem direito.

Sistematizou a doutrina e os princípios cooperativistas. Entendia ser possível a cooperativização total da sociedade. Seriam criadas cooperativas de consumo, de produção industrial e agrícola. Preconizava melhor nível de vida, com auxílio mútuo, poupança, eliminar os intermediários, educar as pessoas para a autogestão, promover o acesso à propriedade, estabelecer o justo preço, remunerando adequadamente o trabalho das pessoas, abolir os conflitos.

As 12 virtudes do cooperativismo são assim enumeradas por Gide: 1) viver melhor ou conseguir melhor nível de vida por meio de auxílio mútuo; 2) pagar em dinheiro, visando evitar dívidas, que, no seu entendimento, eram "uma das formas de escravidão"; 3) poupar sem sofrimento, pois os cooperados poderiam economizar sem sacrificar suas necessidades; 4) suprimir os parasitas, isto é, os intermediários, de forma que houvesse o mínimo de pessoas entre o produtor e o consumidor; 5) combater o alcoolismo; 6) interessar as mulheres nas questões sociais, fazendo com que conhecessem os problemas de consumo e das cooperativas de consumo; 7) educar economicamente o povo, de maneira que pudesse fazer autogestão econômica e política; 8) facilitar a todos o acesso à propriedade; 9) reconstituir uma propriedade coletiva, formando-se um patrimônio cooperativo; 10) estabelecer justo preço. Todo o trabalho deveria ser convenientemente remunerado, tanto o da produção, como o de direção e os trabalhos intelectuais preparatórios; 11) eliminar o lucro capitalista, visando satisfazer às necessidades dos homens e não à obtenção de lucros; 12) abolir os conflitos. Na cooperativa de consumo, o consumidor era seu próprio fornecedor. Na cooperativa de produção, o operário era seu próprio patrão. Haveria a fusão dos inimigos, pois "o combate cessa por falta de combatentes"[3].

As etapas na República Cooperativa de Gide seriam três: 1) criação e expansão de cooperativas de consumo. Haveria o desaparecimento do lucro, visando obter o justo preço; 2) criação de cooperativas de produção industrial, mediante os fundos acumulados pelas cooperativas de consumo; 3) organização de cooperativas de produção agrícola.

Charles Gide mostra que o homem deixa de ser o trabalhador para ser também o consumidor. Preconizava a supressão dos intermediários, o desaparecimento do trabalho em casa, a abolição do salário, o trabalho atraente e a paz social. Fazia referência à ideia de solidariedade nos programas econômicos. Pretendia que fosse abolido o lucro, que seria a fonte de injustiças[4].

O programa da Escola de Nimes foi divulgado em 1905 sob a forma de circular. Afirma que:

> o cooperativismo tem por fim substituir o estado de competição atual por um regime de livre associação que providencie, de uma maneira equitativa, a distribuição de riquezas. O cooperativismo de consumo não quer fazer-se o órgão exclusivo de um partido político, nem de uma igreja, nem de uma classe social; mas quer ser órgão de todos aqueles que queiram trabalhar para a realização do ideal cooperativo pelos seguintes meios:

---

3. *Les douze vertus de la coopération*. Paris, 1894.
4. *La coopération*. 10. ed. Paris: Sirey, 1966, p. 302 ss.

- criação de sociedades cooperativas para uma distribuição equitativa dos objetos de consumo;
- criação de um capital coletivo e impessoal retirado das sobras antes da distribuição dos retornos;
- criação de um armazém para vendas em grosso;
- organização de indústrias cooperativas na medida das necessidades das cooperativas;
- criação, no seio das cooperativas e fora delas, de obras sociais (não políticas e não confessionais), reservando todos os seus recursos para seu fim supremo, que é a transformação da troca e da produção pela criação de armazéns de vendas em grosso e de indústrias cooperativas;
- percentagem sobre as sobras anuais para a instrução e a educação social dos cooperadores;
- pelo consenso de todas as Uniões (federações) de cooperativas nacionais constituir uma República Cooperativa, cujo objetivo será o desenvolvimento da personalidade humana pela justiça e pela solidariedade.

Bernard Lavergne defende que o cooperativismo pertence ao direito público, pois, até então, as cooperativas eram enquadradas como associações de direito privado. Comprova sua tese com as *régies* na Bélgica, França e Grã-Bretanha, em que era possível "socializar sem estatizar". Afirma que a cooperativa é uma terceira via entre o coletivismo do Estado e o capitalismo, em que haverá a hegemonia do consumidor sobre o produtor.

Os movimentos cooperativos internacionais ocorreram em 1882 com a Associação de Amigos da Cooperativa de Produção e em 1895 com a Aliança Cooperativa Internacional, na Inglaterra.

Beatrice Potter Webb publicou o livro *A cooperação na Grã-Bretanha*, em 1891. Ela era coletivista. A socialização deveria ser feita pelo poder político. As relações dos trabalhadores deveriam ser desenvolvidas pelo sindicato.

No I Congresso Internacional de Cooperativismo, em Londres, em 1895, foi fundada a Aliança Cooperativa Internacional (ACI). Atualmente, tem sede em Genebra.

Dispõe o artigo 156 da Constituição de Weimar de 1919 que "as cooperativas de produção e consumo e suas federações serão incorporadas, se assim o desejarem, à economia coletiva, de acordo com sua constituição e características".

O cooperativismo tem fundamento no humanismo, visando que cada pessoa pratique atos em benefício da coletividade.

Em 1919, na Itália, já existiam 2.351 cooperativas de trabalho. A maioria delas era do ramo da construção, incluindo trabalhadores braçais, britadores, pedreiros, carregadores etc.[5].

---

5. OLIVEIRA, Terezinha Cleide. *O desenvolvimento das cooperativas de trabalho no Brasil*. São Paulo: OCB, 1984, p. 19 (Série Difusão Cooperativista n. 2).

Ernest Poisson retoma o Programa em Três Etapas de Gide, na obra *República cooperativa* (1920). Tenta aproximar o cooperativismo do socialismo. Entende que não há incompatibilidade entre o marxismo e o cooperativismo.

G. Fauquet, em 1935, afirma que não seria possível a cooperativização integral da sociedade.

> A realidade mostra que nem a cooperativa de consumo, nem as outras formas de cooperativas, conseguirão invadir toda a economia. Pode ocupar somente um setor, cuja extensão variará segundo a natureza das forças econômicas, a política do ambiente e as qualidades dos próprios cooperados.

O setor cooperativo abrange todas as formas de cooperativas e está no setor "propriamente privado". O cooperativismo é apenas um setor da economia.

Georges Lassare entende que o cooperativismo permite socializar com liberdade[6].

Pio XII defendia que a pequena e a média empresas deveriam ser unidas em sociedades cooperativas para obterem vantagens próprias dos grandes empreendimentos.

João XXIII, em 1961, na encíclica *Mater et Magistra*, esclarecia que o objetivo das cooperativas era ajudar e complementar as empresas artesanais. Os membros das cooperativas devem adaptar os meios de produção. As medidas tomadas pelo Estado em favor dos membros das cooperativas devem ser encorajadas para contribuir para o progresso da civilização.

Na Índia, as cooperativas de leite têm usinas de transformação do produto, que são as mais modernas e maiores do mundo. O leite chega a regiões muito distantes. Metade da produção de açúcar é derivada delas[7].

Israel é chamado do país das mil e uma cooperativas. No setor agrícola, são os *kibutzim* e as diversas espécies de Moschavim. Na área industrial, são as cooperativas de artesãos. As cooperativas de consumo abastecem os centros urbanos. Há cooperativas de transporte de passageiros, hotéis, centros de diversões e culturais.

No *kibutz*, a produção e o consumo são efetuados sob a forma cooperativa. A administração interna toma por base o princípio rochdaleano do controle democrático, de que cada associado tem direito apenas a um voto. As sobras líquidas são distribuídas segundo o trabalho de cada um. É uma sociedade voluntária de

---

6. *A cooperação ou o socialismo, com liberdade*, 1950.
7. OIT, Reunião de peritos em cooperativas. O papel das cooperativas na promoção do emprego. Informe três da primeira edição. Genebra, 1996, p. 2.

pessoas. Toma por base o coletivismo da produção, da propriedade, do consumo e da educação dos filhos. Os *kibutzim* são proprietários de indústrias.

Na Polônia, mais de 75% das moradias foram construídas por cooperativas.

Na Suécia, a maior refinaria de petróleo é uma cadeia de cooperativas, sendo responsável pela distribuição de 20% do total de combustíveis e produtos de petróleo. As cooperativas são responsáveis por 99% da produção de laticínios.

Na Malásia o maior sistema de seguros é das cooperativas.

As cooperativas de turismo na Romênia têm uma rede muito ampla e grande número de estações de férias.

Em Mondragon, Espanha, as cooperativas produzem refrigeradores e eletrodomésticos, estando entre as dez maiores empresas do país. Em 1980, havia 80 cooperativas industriais associadas, com 17.500 trabalhadores.

As cooperativas japonesas são responsáveis por 95% da colheita de arroz.

No Canadá, 50% da população estão associados a algum tipo de cooperativa.

Nos Estados Unidos, 25% do PIB são provenientes das cooperativas. Na Europa, 37%. Em Israel, com seus *kibutz*, 75%. No Brasil, está em torno de 6% do PIB.

Na Europa, há as cooperativas sociais. São criadas por grupos de pessoas desfavorecidas.

Na Itália, são mais de 6 mil dessas cooperativas, com 160 mil adeptos. Objetivam promover a inclusão social. As cooperativas do tipo B visam promover a inclusão social de inválidos físicos, psíquicos e sensoriais, portadores de doenças mentais, dependentes químicos, alcoólatras, menores e detentos. Fazem manutenção do verde, limpeza, artesanato, coleta seletiva de lixo, montagem industrial. As cooperativas do tipo A fazem assistência domiciliar, constroem centros diurnos semirresidenciais (temporários) e residenciais, promovem atividades educativas e recreação. São direcionadas a idosos, menores, pessoas socialmente excluídas, dependentes de tóxicos, pessoas com problemas sociais e psíquicos. Representam 8% da força de trabalho. Empregavam 9 milhões em agosto de 2004.

Os associativistas viam na livre concorrência a principal fonte de injustiça social, principalmente em relação à repartição de riquezas. Eram inspirados no ideal de justiça e fraternidade. Assim, deveriam existir formas de associação.

A doutrina cooperativista prega a oposição à doutrina liberal e individualista. É uma forma de corrigir as injustiças sociais; uma maneira de refúgio para os economicamente fracos.

As cooperativas têm cunho socialista, indicando uma forma de tomada dos meios de produção pelos próprios trabalhadores. Não representam produto do capitalismo, pois foram idealizadas com o objetivo de evitar os abusos praticados contra os trabalhadores, com o aumento dos lucros dos capitalistas. Os socialistas utópicos deram conotação política às cooperativas, indicando-as como alternativa em relação à organização econômica do sistema capitalista. Isso implicou uma inter-relação entre as cooperativas e os movimentos dos trabalhadores. A cooperativa suprime o patrão.

O socialismo utópico teve influências na cooperativa: cooperação entre as pessoas; solidariedade social; organização do trabalho, visando elevar o padrão de vida; livre iniciativa, sem paternalismo estatal, prestação de serviços sem interesse de lucro; o capital seria apenas um meio para a realização dos fins da instituição; a cooperativa seria uma forma de economia coletiva; a cooperativa é uma célula de ampla organização federativa; reforma social pelas associações.

As consequências da exploração dos trabalhadores foram: a) os operários organizaram-se em sindicatos para poderem fazer suas reivindicações e, juntos, terem maior poder de pressão sobre os patrões; b) o mutualismo, em que as pessoas faziam cotizações comuns, mediante solidariedade, para que o fundo formado fosse utilizado nas adversidades das pessoas; c) o cooperativismo.

Os trabalhadores tinham consciência de suas necessidades e de seus direitos, além de terem um nível razoável de formação profissional e de instrução geral.

A cooperativa se desenvolve nos sistemas socialistas, que não eram democráticos. Entretanto, não posso dizer que a cooperativa não se adapta aos sistemas democráticos. Ao contrário, ela é democrática, pois depende do voto nas assembleias gerais. Depende também da livre iniciativa da pessoa em ser sócio da cooperativa.

As cooperativas suprimem o intermediário. Os serviços são realizados ou prestados pelos próprios sócios. Têm muitas vezes como objetivo a diminuição de despesas e custos que os associados sozinhos não poderiam realizar. Hoje, as empresas precisam ser mais competitivas, diante da globalização e da internacionalização das economias, necessitando ter um custo menor de seu produto ou serviço.

Esclarece Waldirio Bulgarelli que "o grande problema, principalmente jurídico do cooperativismo, foi sem dúvida, o de conseguir demonstrar a sua originalidade". Pondera que:

> todo o período inicial do movimento está marcado pelo trabalho incessante da sua doutrina em demonstrar que muito embora tendo pontos de semelhanças com as sociedades capitalistas e as associações, com elas não se confundiam as cooperativas, tendo características próprias que lhes valiam um lugar à parte, na classificação societária[8].

---

8. BULGARELLI, Waldirio. *Elaboração do direito cooperativo* (um ensaio de autonomia). São Paulo: Atlas, 1967, p. 46-47.

2.2 EVOLUÇÃO DA LEGISLAÇÃO NO BRASIL

2.2.1 Introdução

No Brasil, as cooperativas nasceram juntamente com o movimento sindical e acabaram com ele se desenvolvendo.

José da Silva Lisboa, o Visconde de Cairu, foi o primeiro professor da cadeira de Economia Política no Brasil. Em *Estudos do bem comum e economia política*, de 1819, entende que cooperação social é:

> a companhia entre a Natureza e a Humanidade e entre os indivíduos e os Estados entre si, para reunião de suas faculdades e forças de espírito e corpo em todas as partes da terra, a fim da maior produção de riquezas, e possível multiplicação e prosperidade de nossa espécie[9].

Há dúvida sobre a data da constituição da primeira cooperativa no Brasil. Para alguns, a primeira cooperativa foi fundada em 1847, quando o médico francês Jean Maurice Faivre cria, no Paraná, em conjunto com um grupo de europeus, a Colônia Tereza Cristina, organizada em forma de cooperativa. Carlos Alberto Soares de Queiroz entende que a primeira data foi 1887[10]. Diva Benevides Pinho esclarece que a primeira cooperativa foi a Associação Cooperativa dos Empregados da Companhia Telefônica, em Limeira, fundada em 1891[11].

Foram sendo criadas: a Cooperativa Militar de Consumo no Rio de Janeiro, em 1894; a Cooperativa de Consumo de Camaragibe (PE), em 1895; a Cooperativa de Consumo dos Empregados da Companhia Paulista de Campinas, em 1897; em 1902 foi criada a Caixa Rural de Nova Petrópolis. Foi a primeira cooperativa de crédito do Brasil, fundada pelo Padre Amstrad. Era do tipo Raiffeisen; em 1911, os empregados da Companhia Paulista de Estrada de Ferro fundaram cooperativa em Jundiaí/SP; Cooperativa dos Empregados e Operários da Fábrica de Tecidos da Gávea (1913) sob a liderança de Sarandi Raposo. No mesmo ano é fundada a Coopfer na cidade de Santa Maria, no Rio Grande do Sul, que chegou a ser considerada a maior cooperativa da América do Sul.

Na área rural, foram instituídas: as Caixas Rurais Raiffeisen do Rio Grande do Sul, em 1902; as Cooperativas de Produtores Rurais, em Minas Gerais, em 1907.

---

9. LISBOA, José da Silva. *Estudos do bem comum e economia política*, 1819, p. 221.
10. QUEIROZ, Carlos Alberto Ramos Soares de. *Manual da cooperativa de serviços e trabalho*. 5. ed. São Paulo: STS, 1998, p. 29.
11. PINHO, Diva Benevides; AMARAL, Cicely Murtinho. *Cooperativas brasileiras de trabalho*. São Paulo: IPE/Fipe: Fapesp/Unimed, 1993.

O Decreto n. 796, de 2 de outubro de 1890, concedeu a autorização a militares para organizarem sociedade anônima, sob a denominação de Sociedade Cooperativa Militar do Brasil.

O Decreto n. 869, de 17 de outubro de 1890, autorizou a organização da Companhia Cooperativa de Consumo Doméstico e Agrícola.

Na década de 1940, o governo de Getúlio Vargas incentivava a formação de cooperativas de trigo e soja.

Outros tipos de cooperativas foram-se desenvolvendo, como nas áreas de eletrificação e telefonia rural, transporte, trabalho, escolar, crédito agrícola e crédito mútuo.

2.2.2 Decreto n. 979/1903

Facultava o Decreto n. 979, de 6 de janeiro de 1903, aos profissionais da agricultura e às indústrias rurais a organização de sindicatos para defesa de seus integrantes.

Determinava o artigo 10 que:

> a função dos sindicatos nos casos de organização de caixas rurais de crédito agrícola e de cooperativas de produção ou de consumo (de sociedade de seguros, assistência etc.), não implica responsabilidade direta dos mesmos nas transações, nem os bens nelas empregados ficam sujeitos à liquidação judicial, sendo a liquidação de tais organizações regida pela lei comum das sociedades civis.

2.2.3 Decreto n. 1.637/1907

Tratava o Decreto n. 1.637, de 5 de janeiro de 1907, da criação de sindicatos profissionais e sociedades cooperativas. Teve por base a lei belga de 1873 e a lei francesa de 1867. A referida norma não estabelecia o tratamento jurídico da cooperativa.

Permitia o item *c* do art. 3º aos sindicatos organizar, em seu seio e para seus membros, instituições de mutualidade, previdência e cooperação, de toda a sorte, constituindo essas, porém, associações distintas e autônomas, com inteira separação de caixas e responsabilidades.

Estabelecia o art. 10 que:

> as sociedades cooperativas que poderão ser anônimas, em nome coletivo ou em comandita, são regidas pelas leis que regulam cada uma destas formas de sociedades, com as modificações estatuídas na presente lei.

Eram, portanto, consideradas sociedades comerciais. Possuíam fins lucrativos.

Afirmava Carvalho de Mendonça que:

as sociedades cooperativas não são como as em nome coletivo ou em comandita ou as anônimas, tipo, forma de sociedade, mas modalidade facultativa, aplicável para o fim especial de que temos falado. Por outra, a cooperativa pode adotar qualquer daquelas formas ou tipos clássicos; ao dizer, pode constituir-se sob a forma da sociedade em nome coletivo, estabelecendo a responsabilidade limitada de uns e ilimitada de outros sócios, ou sob a forma da sociedade anônima com a responsabilidade de todos os sócios[12].

Lecionava Waldemar Ferreira que:

nunca teve estrutura própria a sociedade cooperativa. Apresenta-se em público ao alvedrio de seus fundadores com o organismo e as vestes da em nome coletivo, da em comandita ou da anônima. Principalmente desta. Regia-se, dessarte, pelos dispositivos legais atinentes ao tipo societário adotado com as modalidades adequadas ao objetivo cooperativo[13].

As cooperativas tinham ampla liberdade de constituição e funcionamento, sem subordinação a órgão estatal. Deveriam depositar na Junta Comercial seus atos constitutivos. Semestralmente deveriam fazer o depósito da lista dos sócios e das alterações estatutárias. O capital social era variável. Não havia limitação ao número de sócios. As ações, cotas ou partes não eram acessíveis a terceiros, estranhos à sociedade.

A Lei n. 4.948, de 21 de dezembro de 1925, e o Decreto n. 17.339, de 2 de junho de 1926, tratam, respectivamente, das Caixas Rurais Raffeisen e dos Bancos Populares Luzatti.

A Cooperativa Agrícola de Cotia (CAC) foi fundada em 1927.

Em 1930, surgem as primeiras cooperativas de laticínios no Brasil.

A Cooperativa Vinícola Aurora foi criada em 1931 por 16 produtores em Bento Gonçalves.

2.2.4 Decreto n. 19.770/31

O Decreto n. 19.770, de 19 de março de 1931, permitia aos sindicatos o direito de organizar e administrar cooperativas. Era inspirado nos princípios dos Pioneiros de Rochdale.

---

12. MENDONÇA, J. X. Carvalho de. *Tratado de direito comercial*. Rio de Janeiro: Freitas Bastos, 1954, v. 4, n. 1.454.
13. FERREIRA, Waldemar Martins. *Instituições de direito comercial*. 3. ed. São Paulo: Saraiva, 1951, v. 1, n. 404.

2.2.5 Decreto n. 22.239/32

O Decreto n. 1.637/1907 foi regulamentado pelo Decreto n. 22.239, de 19 de dezembro de 1932. Foi elaborado seu projeto por Adolfo Credilha, Saturnino de Brito e Luciano Pereira. Poder-se-ia dizer que a partir desse momento as cooperativas são consideradas como institutos autônomos em relação aos sindicatos. O cooperativismo é desenvolvido a partir desse momento nas áreas de consumo e rural.

Dispunha o art. 1º do Decreto n. 22.239/32 que:

dá-se o contrato de sociedade cooperativa quando sete ou mais pessoas naturais, mutuamente se obrigam a combinar seus esforços, sem capital fixo predeterminado, para lograr fins comuns de ordem econômica, desde que observem, em sua formação, as prescrições do presente decreto.

Pela referida norma verifica-se que as cooperativas são sociedades de pessoas, e não de capital.

Disciplinava o art. 2º que:

as sociedades cooperativas, qualquer que seja a sua natureza, civil ou mercantil, são sociedades de pessoas e não de capitais, de forma jurídica *sui generis*, que se distinguem das demais sociedades pelos pontos característicos que se seguem, não podendo os estatutos consignar disposições que os infrinjam.

Permitia o § 2º do art. 16:

às cooperativas por objeto qualquer gênero de operações ou de atividades na lavoura, na indústria, no comércio, no exercício de profissões e todos e quaisquer serviços de natureza civil ou mercantil, podendo ser, ou não, lucrativo, contanto que não fira a lei, a moral e os bons costumes.

Fazia o art. 21 a classificação das cooperativas:

as sociedades cooperativas podem-se classificar nas seguintes categorias principais: cooperativas de produção agrícola, de produção industrial, de trabalho (profissionais ou de classe), de beneficiamento de produtos, de compras em comum, de consumo, de abastecimento de crédito, de seguros, de construção de casas populares, cooperativas editoras e de cultura intelectual, cooperativas escolares, cooperativas mistas, cooperativas centrais, cooperativas de cooperativas (federações).

Rezava o art. 24 que:

são cooperativas de trabalho aquelas que, constituídas entre operários de uma determinada profissão ou ofício ou de ofícios vários de uma mesma classe, têm como finalidade primordial melhorar os salários e as condições de trabalho pessoal de seus associados e, dispensando a intervenção de um patrão ou empresário, se propõem contratar obras, tarefas, trabalhos ou serviços públicos ou particulares, coletivamente por todos ou por grupos de alguns.

As cooperativas de compras em comum podem ser rurais ou urbanas. São as constituídas entre agricultores ou criadores para abastecimento dos sítios ou das fazendas, de animais, plantas vivas, mudas, sementes, adubos, inseticidas, máquinas e instrumentos agrários e outras matérias-primas ou fabricadas, úteis à lavoura ou à criação, sem intuito de revenda. As urbanas são formadas entre artífices ou operários de indústrias em domicílios, visando adquirir em comum, sem os recursos da sociedade e, em certos casos, com intuito de revenda, artigos, matérias-primas e utensílios de trabalho, necessários ao exercício de sua profissão (art. 26).

Distinguem-se as cooperativas de vendas em comum pelo fato de organizarem coletivamente a defesa comercial dos produtos particularmente colhidos ou elaborados por seus associados, lavradores ou criadores, por eles trazidos à cooperativa, para esta, com os recursos próprios, promover, sem ulterior transformação, a venda nos mercados de consumo ou nos de exportação (art. 27).

As cooperativas de consumo têm por escopo ajudar a economia doméstica – adquirindo o mais diretamente possível ao produtor ou a outras cooperativas os gêneros de alimentação, de vestuário e outros artigos de uso e consumo pessoal, da família ou do lar –, distribuindo-os nas melhores condições de qualidade e preço aos consumidores, associados ou não, no interesse dos quais podem ainda prover a outros serviços afins e convertendo em economias, a favor dos mesmos consumidores, os eventuais resultados líquidos verificados em balanço (art. 28).

Alguns tipos de cooperativa tinham natureza civil, como as de produção, agrícola, de trabalho, de consumo (art. 38, *f*), de benefício e de venda em comum. As demais tinham natureza comercial.

A norma legal não foi clara em definir a cooperativa como sociedade civil ou comercial, daí por que se entendia que sua natureza jurídica era *sui generis*.

O referido decreto dava razoável liberdade de constituição e funcionamento para as cooperativas.

Plinio Antonio Machado afirma que o Decreto n. 22.239/32 favoreceu um surto de desenvolvimento do cooperativismo, no setor de consumo e na área rural. As cooperativas foram sendo criadas com grande número de associados e com volume expressivo de operações[14].

---

14. MACHADO, Plinio Antonio. *Comentários à lei do cooperativismo*. São Paulo: Unidas, 1975, p. 20.

2.2.6 Decreto n. 23.611/33

O Decreto n. 23.611, de 20 de dezembro de 1933, revoga o Decreto Legislativo n. 979, de 6 de janeiro de 1903, facultando a instituição de consórcios profissionais-cooperativos. Tinham por objetivos "o estudo, a defesa, o desenvolvimento dos interesses gerais da profissão, dos interesses econômico-profissionais de seus membros e a realização de suas finalidades econômicas e cooperativas de consumo, crédito, produção e modalidades derivadas" (art. 1º).

Prescrevia o § 2º do art. 14 ser "atribuição privativa dos consórcios profissionais cooperativos a organização de cooperativas de qualquer espécie".

O objetivo do decreto foi enquadrar o cooperativismo no sindicalismo.

2.2.7 Decreto n. 24.647/34

O Decreto n. 24.647, de 10 de julho de 1934, revogou o Decreto n. 22.239/32, estabelecendo bases e princípios para a cooperação profissional e para a cooperação social; faculta auxílios diretos e indiretos às sociedades cooperativas e institui o Patrimônio dos Consórcios Profissionais Cooperativos. Abandona o cooperativismo conforme os princípios dos Pioneiros de Rochdale para adotar o cooperativismo do Estado Novo.

Não era possível fundar qualquer tipo de cooperativa, com exceção das cooperativas sociais, sem que se fundasse antes um consórcio. Na prática, era impossível "pelas nossas condições de meio fundar com pessoas distintas o consórcio e, em seguida, a cooperativa". Formava-se o consórcio apenas para cumprir a lei e às vezes, no mesmo dia, a cooperativa, "com a mesma gente e não raro com os mesmos dirigentes. O 'consórcio' passava a existir por uma ficção legal"[15].

O Decreto n. 24.647/34 institui o cooperativismo-sindicalista. Cooperação social era a atividade "exercida por indivíduos de profissões distintas, para defesa de interesses econômicos comuns ou para finalidades filantrópicas, entre essas, a colaboração com os institutos cooperativistas de caráter proletário, no sentido de prestar-lhes ajuda financeira ou técnica". Cooperação profissional era a "exercida por indivíduos da mesma profissão ou de profissões afins, pertencentes a consórcios profissionais-cooperativos, tendo por finalidade a prática do sindicalismo-cooperativista" (art. 38). Getúlio Vargas considerava na justificativa da norma que às cooperativas profissionais "compete auxiliar

---

15. BULGARELLI, Waldirio. *As sociedades cooperativas e a sua disciplina jurídica*. Rio de Janeiro: Renovar, 1998, p. 66.

financeiramente o evolver da instituição sindicalista-cooperativista, do consumo à produção, bem como às finalidades técnicas e educacionais dos consórcios profissionais-cooperativos".

O Decreto-Lei n. 1.637/1907 confundia cooperativa, que é uma sociedade de pessoas, com sociedades anônimas, que são empresas de capitais. O § 2º do art. 15 contrariava os princípios das cooperativas, pois era permitida a distribuição de lucros e perdas, metade em partes iguais aos sócios e metade proporcionalmente aos capitais. Contrariava o princípio de que as sobras líquidas devem ser distribuídas aos associados proporcionalmente às operações que estes realizaram na cooperativa.

2.2.8 Decreto n. 581/38

Dispunha o Decreto n. 581, de 1º de agosto de 1938, sobre o registro, a fiscalização e a assistência de sociedades cooperativas. Revogou os Decretos n. 23.611/33 e 24.647/34. Revigorou o Decreto n. 22.239, de 19 de dezembro de 1932.

Proibia a distribuição de dividendos sobre o capital. Voltou a adotar o cooperativismo rochdaleano.

Em 1938, surge a Cooperativa dos Carregadores e Transportadores de Bagagens do Porto de Santos.

2.2.9 Decreto n. 926/38

Tratava o Decreto n. 926, de 5 de dezembro de 1938, da constituição, do funcionamento e da fiscalização das sociedades cooperativas de seguros.

2.2.10 Decreto-Lei n. 1.386/39

Permitia o Decreto-Lei n. 1.386, de 5 de dezembro de 1939, a admissão de pessoas jurídicas nas cooperativas de indústrias extrativas.

O Decreto-Lei n. 5.893/43 criou a Caixa de Crédito Cooperativo, que mais tarde foi transformada no Banco Nacional de Crédito Cooperativo.

2.2.11 Decreto n. 6.980/41

Aprova o Decreto n. 6.980, de 19 de março de 1941, o regulamento para a fiscalização das sociedades cooperativas, estabelecido pelo Decreto n. 581, de 1º de agosto de 1938, que foi em parte alterado pelo Decreto-Lei n. 7.192, de 19 de maio de 1941.

O § 6º do art. 4º prevê a intervenção nas sociedades cooperativas nos casos comprovados de violação da lei e de disposições regulamentares, podendo até ocorrer dissolução.

2.2.12 Decreto n. 5.154/42

O Decreto n. 5.154, de 31 de dezembro de 1942, dispôs sobre a intervenção nas sociedades cooperativas.

2.2.13 Decreto-Lei n. 5.452/43

O Decreto-Lei n. 5.452/43 (CLT) determinou que os sindicatos de empregados terão o dever de promover a fundação de cooperativas de consumo e de crédito (alínea *a* do parágrafo único do art. 514).

2.2.14 Decreto-Lei n. 5.893/43

Determina o Decreto-Lei n. 5.893, de 10 de outubro de 1943, sobre a organização, o funcionamento e a fiscalização das cooperativas.

Reza o art. 3º que a cooperativa pode adotar qualquer gênero de atividade que, sem ofensa à lei e à moral, tenha por fim realizar seus objetivos econômico-sociais, claramente definidos, como os de financiar, comprar ou vender em comum, cobrir riscos e outros quaisquer, sendo-lhe facultado reuni-los.

2.2.15 Decreto-Lei n. 8.401/45

O Decreto-Lei n. 8.401, de 19 de dezembro de 1945, revoga o Decreto-Lei n. 5.893/43, exceto os arts. 104 e 108, revigorando o Decreto-Lei n. 581/38 e o Decreto n. 22.239/32.

2.2.16 Lei n. 3.189/57

A Lei n. 3.189, de 2 de julho de 1957, tratou de cooperativas de transportes e cargas. Permitiu a admissão de pessoas jurídicas nas cooperativas de transportes de passageiros e de cargas.

2.2.17 Decreto n. 46.438/59

O Decreto n. 46.438, de 16 de julho de 1959, cria o Conselho Nacional do Cooperativismo (CNC). O Conselho era o "órgão de estudos, recurso, consulta, articulação, interpretação, definição de princípios econômico-sociais e diretrizes técnico-doutrinárias e educativas, planejamento, difusão cultural, investigação socioeconômica e legal do cooperativismo brasileiro" (art. 2º). O órgão era subordinado ao Ministro da Agricultura, que era seu presidente.

A Lei n. 4.380, de 21 de agosto de 1964, era conhecida como Plano Nacional de Habitação. O inciso III do art. 4º concedeu a prioridade na aplicação dos recursos "aos projetos de cooperativas e outras formas associativas de construção da casa própria". As cooperativas foram integradas no sistema financeiro da habitação, ao lado do Banco Nacional de Habitação. O BNH baixou a Instrução n. 1, de 24 de novembro de 1964, contendo normas para o registro, o funcionamento e a fiscalização das cooperativas para construção ou aquisição de habitações.

2.2.18 Lei n. 4.504/64

O Estatuto da Terra foi determinado pela Lei n. 4.504, de 30 de novembro de 1964.

O inciso VIII do art. 4º define Cooperativa Integral de Reforma Agrária (Cira) como toda sociedade cooperativa mista, de natureza civil, criada nas áreas prioritárias de Reforma Agrária, contando temporariamente com a contribuição financeira e técnica do Poder Público, por meio do Instituto Brasileiro de Reforma Agrária, com a finalidade de industrializar, beneficiar, preparar e padronizar a produção agropecuária, bem como realizar os demais objetivos previstos na legislação vigente.

Era o cooperativismo tratado nos arts. 79 e 80.

2.2.19 Lei n. 4.595/64

As cooperativas de crédito ou a seção de crédito das cooperativas que a tenham também se subordinam às disposições da Lei n. 4.595/64 (§ 1º do art. 18 da Lei n. 4.595/64), que trata da política das instituições monetárias, bancárias e creditícias, criando o Conselho Monetário Nacional. São, portanto, consideradas instituições financeiras.

Gozavam as cooperativas de isenção do Imposto de Vendas e Consignações (IVC). O art. 7º da Lei paulista n. 9.210, de 30 de dezembro de 1965, revogou todas as isenções e reduções fiscais outorgadas às sociedades cooperativas civis de consumo e às seções de consumo das sociedades cooperativas mistas. As legislações estaduais passaram a exigir o Imposto sobre Circulação de Mercadorias (ICM) sobre as operações das cooperativas de consumo com seus associados. Pode-se dizer que a partir desse momento as cooperativas foram equiparadas a empresas para efeito de vendas de mercadorias.

2.2.20 Decreto-Lei n. 59/66

Define o Decreto-Lei n. 59, de 21 de novembro de 1966, a política nacional de cooperativismo, criando o Conselho Nacional de Cooperativismo, e dá outras providências.

Foram revogadas as normas anteriores, inclusive de forma definitiva o Decreto n. 22.239/32.

Mencionava o art. 4º que as cooperativas, qualquer que seja sua categoria ou espécie, são entidades de pessoas com forma jurídica própria, de natureza civil, para a prestação de serviços ou execução de atividades sem finalidade lucrativa, não sujeitas a falência, distinguindo-se das demais sociedades pelas normas e princípios estabelecidos na presente lei.

As cooperativas poderão adotar por objeto qualquer gênero de serviços, operações ou atividades, respeitada a legislação em vigor, assegurando-lhes o direito exclusivo e a obrigação do uso da expressão *Cooperativa* (art. 5º).

O cooperativismo passa a sofrer controle excessivo do Estado.

O Decreto-Lei n. 59/66 trouxe aspecto altamente negativo, pois mais da metade das organizações existentes encerraram suas atividades[16].

Bulgarelli afirma que o Decreto-Lei n. 59/66 "peca por suas impropriedades; falta de ordenação e sistematização e por pretender submeter o movimento cooperativo a um controle rígido por parte do Estado"[17].

A partir da década de 1960, as cooperativas de consumo começaram a declinar, em razão de que passaram a pagar o Imposto sobre Circulação de Mercadorias, da inflação, da instituição de compras a crédito, da concorrência com as redes de supermercados e da falta de modernização das técnicas administrativas[18].

2.2.21 Decreto n. 60.597/67

Regulamenta o Decreto n. 60.597, de 19 de abril de 1967, o Decreto-Lei n. 59/66.

As relações econômicas entre a cooperativa e seus associados não poderão ser entendidas como operações de venda e compra, considerando-se as instalações da cooperativa como extensão do estabelecimento cooperado (art. 105). Operações econômicas entre as cooperativas e seus associados não constituem

---

16. MACHADO, Plinio Antonio. *Comentários à lei do cooperativismo.* São Paulo: Unidas, 1975, p. 21.
17. *Elaboração do direito cooperativo.* São Paulo: Atlas, 1967, p. 62.
18. MAGANO, Octavio Bueno. *Política do trabalho.* Cooperativas. São Paulo: LTr, 2001, v. 4, p. 455.

operação de venda e compra (art. 105). O dispositivo, timidamente, começava a esboçar um conceito para o ato cooperativo quando mencionava as instalações da cooperativa como extensão do estabelecimento cooperado. Entendia-se que a expressão *extensão do estabelecimento cooperado* somente dizia respeito às cooperativas de produtores, pois as cooperativas de consumo não poderiam estar incluídas na expressão.

A primeira cooperativa do sistema Unimed foi fundada em Santos em 1967.

2.2.22 Lei n. 5.764/71

O anteprojeto elaborado pela Organização das Cooperativas Brasileiras foi bastante modificado pelos técnicos governamentais, tendo sido encaminhado ao Congresso, que o aprovou, dando origem à Lei n. 5.764, de 16 de dezembro de 1971.

A Lei n. 5.764/71 define a Política Nacional de Cooperativismo, institui o regime jurídico das sociedades cooperativas e dá outras providências. Na verdade, não deveria ter como título política nacional de cooperativismo, pois a política é o conjunto de regras que orientam a atividade do momento, e não sua própria atividade.

O art. 117 da referida norma revoga o Decreto-Lei n. 59/66 e o Decreto n. 60.597/67.

2.2.23 Ato Declaratório n. II/83

O Ato Declaratório (Normativo) do Coordenador do Sistema de Tributação n. II, de 8 de abril 1983, declarou que os rendimentos correspondentes a serviços pessoais de terceiros, por associados de cooperativas de trabalho autônomo, classificam-se na cédula D, da declaração de rendimentos dos beneficiários, ainda quando pagos ou creditados por intermédio de sociedade cooperativa de que sejam associados, cabendo a esta efetuar a retenção na fonte.

2.2.24 Constituição de 1988

A Constituição de 1988 passou a tratar em diversos dispositivos sobre a cooperativa, o que não se verificava na Lei Maior anterior.

Prevê o inciso XVIII do art. 5º a criação de associações e, na forma da lei, a de cooperativas independentemente de autorização, sendo vedada a interferência estatal em seu funcionamento. A lei a que se refere o dispositivo é a lei vigente no momento da promulgação da Lei Maior, que é a Lei n. 5.764/71 ou a que vier a alterá-la. O Estado não pode negar a criação da cooperativa. Não poderá o Poder Executivo interferir no funcionamento da cooperativa, de dizer o que fazer.

Reza a alínea *c* do inciso III do art. 146 que a lei complementar irá dar adequado tratamento tributário ao ato cooperativo praticado pelas sociedades cooperativas. Há dúvida sobre se o referido dispositivo é autoaplicável ou se precisa de lei para ser regulamentado. Penso tratar-se de norma de eficácia plena, pois já contém todos os elementos necessários e não há remissão expressa à lei ordinária para ter validade. A lei ordinária é que terá de ser analisada em cotejo com o referido dispositivo constitucional para se saber se não é inconstitucional.

Não se pode estabelecer tratamento tributário menos favorável ou mais gravoso ao ato cooperativo. Tratamento adequado ao ato cooperativo não é tratamento privilegiado, mas é o específico, o justo, razoável para as cooperativas. É uma forma de estimular e proteger a sociedade cooperativa. É o respeito às peculiaridades e diferenças da cooperativa, que não é uma empresa. Não é uma imunidade, pois o art. 150 da Constituição é claro em relação aos casos de imunidade.

Não há imunidade de impostos em relação ao ato cooperativo, pois, do contrário, a Constituição teria dito que o ato cooperativo não pode ter incidência de qualquer imposto, mas a lei complementar é que irá dar tratamento adequado a tal ato.

O adequado tratamento poderá ser a redução da alíquota para os atos praticados pela cooperativa.

Determina o § 2º do art. 174 que a lei apoiará e estimulará o cooperativismo e outras formas de associativismo. Gomes Canotilho e Vital Moreira esclarecem que:

> o Estado está obrigado a estimular e a apoiar a criação de cooperativas, bem como a sua atividade, mas não pode impô-las nem tutelá-las. Para que esta obrigação estadual não vá de encontro à liberdade de constituir cooperativas e ao direito destas de prosseguirem livremente suas atividades, os estímulos e os apoios do Estado não podem traduzir-se em formas de ingerência na Constituição ou na vida das cooperativas e devem pautar-se pelos princípios da igualdade, da imparcialidade e da não discriminação. Constitucionalmente, pode (e deve) haver um cooperativismo de Estado[19].

Prevê o § 3º do mesmo artigo que o Estado favorecerá a organização da atividade garimpeira em cooperativas, levando em conta a proteção do meio ambiente e a promoção econômico-social dos garimpeiros. As cooperativas

---

19. *Constituição da República Portuguesa anotada*. 2. ed. Coimbra: Coimbra Editora, v. 1, p. 41.

terão prioridade na autorização ou na concessão para pesquisa e lavra dos recursos e jazidas de minerais garimpáveis, nas áreas onde estejam atuando (§ 4º).

Indica o inciso VI do art. 187 que a política agrícola será planejada e executada na forma da lei, com participação efetiva no setor de produção, envolvendo produtores e trabalhadores rurais, bem como dos setores de comercialização, de armazenamento e de transportes, levando em conta especialmente o cooperativismo.

A Constituição reconhece as cooperativas.

2.2.25 Constituições estaduais

O § 1º do art. 163 da Constituição do Rio Grande do Sul, de 1989, menciona que: "na hipótese de privatização das empresas públicas e sociedades de economia mista, os empregados terão preferência em assumi-las sob a forma de cooperativas".

Dispõe o art. 188 da Constituição do Estado de São Paulo que:

> o Estado apoiará e estimulará o cooperativismo e o associativismo como instrumento de desenvolvimento socioeconômico, bem como estimulará formas de produção, consumo, serviços, créditos e educação coassociadas, em especial nos assentamentos para fins de reforma agrária.

2.2.26 Lei n. 8.630/93

A Lei n. 8.630, de 25 de fevereiro de 1993, versou sobre o regime jurídico da exploração dos portos organizados e das instalações portuárias.

Determinava o art. 17 que é permitido às cooperativas formadas por trabalhadores portuários avulsos, registrados de acordo com a referida norma, se estabelecerem como operadores portuários para a exploração de instalações portuárias, dentro ou fora dos limites da área do porto organizado. No Rio de Janeiro, há a Cooperativa dos Estivadores, atuando no porto da referida cidade.

O presidente Fernando Henrique Cardoso, em mensagem enviada à Assembleia Regional da Aliança Cooperativa Internacional (ACI), realizada em 18 de novembro de 1994, afirmou:

> peço transmitir aos participantes dessa Assembleia o compromisso de que meu governo será parceiro do cooperativismo por entender que buscamos os mesmos objetivos: o progresso com a distribuição mais justa da renda através da solidariedade e da ajuda mútua. O grau de desenvolvimento de uma nação pode ser medido pelo nível de organização de

sua sociedade civil. Quanto mais articulados os diferentes segmentos sociais e econômicos, mais democrático e evoluído será esse país. Em meu governo, o cooperativismo será uma das alavancas para transformar o Brasil num país mais justo, rico, generoso e solidário. Este é o sonho de todos nós e que será uma realidade no alvorecer do século XXI[20].

A Lei n. 8.630/93 foi revogada pela Lei n. 12.815/2013.

2.2.27 Lei n. 8.949/94

Um deputado do Partido dos Trabalhadores, que estava preocupado com trabalhadores rurais assentados em projetos de reforma agrária no Mato Grosso, pretendia reuni-los em cooperativas nas quais não houvesse a possibilidade de se discutir a relação de emprego e temer pesados encargos sociais a pagar.

O objetivo do Projeto de Lei n. 3.383/92 foi reduzir o desemprego, principalmente na área rural, em virtude do êxodo rural. Visava beneficiar imensa massa de desempregados no campo, proporcionando o benefício de serem trabalhadores autônomos. Os trabalhadores criavam cooperativas de produção, que realizavam trabalho por empreitada para proprietários vizinhos do assentamento. Alguns cooperados, após se desligarem da cooperativa, ajuizavam ação na Justiça do Trabalho e conseguiam o reconhecimento da relação de emprego com o Movimento dos Trabalhadores Rurais Sem Terra (MST). Com isso, eram dificultadas as atividades do MST. Foi apresentado pelo Partido dos Trabalhadores com a finalidade de disciplinar as cooperativas criadas pelo Movimento dos Trabalhadores Rurais Sem Terra. Tal projeto resultou na Lei n. 8.949/94, que acrescentou o parágrafo único ao art. 442 da CLT.

O deputado Chico Vigilante apresentou o projeto, afirmando que:

a insegurança dos trabalhadores é muito grande, o que no campo aumenta a legião de boias-frias, contribuindo para o êxodo rural e estes mesmo "evacuados" do campo se fixam nas periferias das grandes cidades, amargando a falta de oferta de emprego. Esse fluxo migratório que chega a um ritmo de dois milhões de pessoas por ano, gera a necessidade da criação de 600 (seiscentos) mil novos empregos anualmente, sem contar o crescimento de mais mão de obra urbana.

O alcance social do projeto é inegável. Se aprovado, além dos evidentes benefícios que trará à vasta camada de trabalhadores, sobretudo no setor rural, terá o mérito de desafogar a Justiça do Trabalho, ao transformar em lei o entendimento jurisprudencial predominante.

Os fundamentos do Projeto de Lei n. 3.383/92, que deram origem à Lei n. 8.949/94, foram os seguintes:

---

20. Apud THENÓRIO FILHO, Luiz Dias. *Pelos caminhos do cooperativismo*: com destino ao crédito mútuo. São Paulo: Central das Cooperativas de Crédito do Estado de São Paulo, 1999, p. 62.

Começa-se a admitir, em larga escala, em face do momento econômico e financeiro em que passa o País, a terceirização, como uma alternativa de flexibilidade empresarial. Chega a ser considerada por algumas empresas e até trabalhadores, em face da recessão, como excelência empresarial, na contratação de prestação de serviços em substituição à mão de obra interna das empresas.

Está no cooperativismo de trabalho a fórmula mágica de reduzir o problema do desemprego gerado pelo êxodo rural e agora mais precisamente pela profunda recessão econômica.

O projeto visa, portanto, beneficiar imensa massa de desempregados no campo (...). Estabelecendo a regra da inexistência de vínculo empregatício, nos termos ora propostos, milhares de trabalhadores rurais e urbanos (...) terão o benefício de serem trabalhadores autônomos, com a vantagem de dispensar a intervenção do patrão.

O projeto não teve emendas, havendo consenso na matéria tratada. Tramitou três anos no Congresso Nacional.

Justificou o projeto o Deputado Osvaldo Melo, relator, segundo o qual a matéria reflete o entendimento jurisprudencial dominante e a importância do cooperativismo de trabalho ao aperfeiçoamento e flexibilização das relações entre capital e trabalho.

Foi transformado na Lei n. 8.949, de 9 de dezembro de 1994, que acrescentou o parágrafo único ao art. 442 da CLT, determinando que "qualquer que seja o ramo de atividade da sociedade cooperativa, não existe vínculo empregatício entre ela e seus associados, nem entre estes e os tomadores de serviços daquela".

2.2.28 Lei Complementar n. 84/96

A Lei Complementar n. 84/96 criou contribuição previdenciária de 15% a ser recolhida pelas cooperativas sobre as importâncias recebidas dos cooperados (art. 1º, II).

2.2.29 Lei n. 9.867/99

Dispôs a Lei n. 9.867, de 10 de novembro de 1999, sobre a criação e o funcionamento de cooperativas sociais, visando à integração social dos cidadãos.

Objetivam tais cooperativas inserir as pessoas em desvantagem no mercado econômico, por meio do trabalho.

As cooperativas sociais têm fundamento no interesse geral da comunidade em promover a pessoa humana e a integração social dos cidadãos e incluem entre suas atividades: a) a organização e gestão de serviços sócio-sanitários e educativos; b) o desenvolvimento de atividades agrícolas, industriais, comerciais e de serviços (art. 1º).

As pessoas em desvantagens são: a) os deficientes físicos e sensoriais; b) os deficientes psíquicos e mentais, as pessoas dependentes de acompanhamento psiquiátrico permanente e os egressos de hospitais psiquiátricos; c) os dependentes químicos; d) os egressos de prisões; e) os condenados a penas alternativas à detenção; f) os adolescentes em idade adequada ao trabalho e situação familiar difícil do ponto de vista econômico, social ou afetivo (art. 3º).

2.2.30 Lei n. 9.711/98

A Lei n. 9.711, de 20 de novembro de 1998, alterou o art. 31 da Lei n. 8.212/91, estabelecendo que o tomador dos serviços deve reter na fonte 11% sobre a fatura da empresa prestadora dos serviços para efeito de ser compensada com a contribuição previdenciária devida por essa empresa.

2.2.31 Lei n. 9.876/99

A cooperativa é considerada empresa para fins da Seguridade Social, como se verifica do parágrafo único do art. 15 da Lei n. 8.212/91, de acordo com a redação dada pela Lei n. 9.876/99. As empresas recolhem 15% sobre a remuneração paga ou creditada a qualquer título, no decorrer do mês, aos segurados contribuintes individuais que lhe prestem serviços (art. 22, III, da Lei n. 8.212/91).

A Medida Provisória n. 1.961/2000 criou o Programa de Revitalização de Cooperativas de Produção Agropecuária (Recoop). Autorizou a instituição do Serviço Nacional de Aprendizagem do Cooperativismo (Sescoop), nos mesmos moldes do Senai e do Senac.

2.2.32 Ministério do Trabalho

O Ministério do Trabalho tratou das cooperativas em diversas normas.

A Portaria n. 3.025, de 16 de março de 1983, aprova formulário para registro de empregados rurais participantes de cooperativas de trabalho.

Faculta a Portaria n. 3.022, de 7 de janeiro de 1985, às cooperativas de trabalhadores rurais a utilização de formulário contínuo para registro de empregado.

Aprova a Instrução Normativa n. 7, de 21 de fevereiro de 1990, determinações para fiscalização das empresas de prestação de serviços a terceiros.

Indica a Portaria n. 925, de 28 de setembro de 1995, regras para efeito de fiscalização do trabalho na empresa tomadora de serviço de sociedade cooperativa.

A Instrução Normativa n. 3, de 1º de setembro de 1997, reza sobre a fiscalização do trabalho nas empresas de prestação de serviços a terceiros e empresas de trabalho temporário.

Em 1975, existiam 181 cooperativas de serviços. Em 1983, 299.

A Organização das Cooperativas Brasileiras estimou o número de cooperativas e de cooperados em dezembro de 2001:

Ramo	Cooperativas	Cooperados	Empregados
Agropecuário	1.587	822.294	108.273
Consumo	189	1.467.386	7.676
Crédito	1.038	1.059.369	20.680
Educacional	278	73.258	2.720
Especial	7	2.064	6
Habitacional	297	69.668	1.375
Infraestrutura	187	576.299	5.431
Mineral	37	48.841	34
Produção	147	9.892	348
Saúde	863	327.191	21.426
Trabalho	2.391	322.735	7.443
Turismo e lazer	5	150	0
Total	7.026	4.779.147	175.412

São, portanto, quase cinco milhões de cooperados utilizando-se do sistema.

A OCB afirmou que em 2002 havia 2.391 cooperativas de trabalho, com 322.735 associados.

Em 2002, as cooperativas movimentaram 5% do PIB brasileiro. Na Europa, foi 70% do PIB.

Em agosto de 2004, havia 5,7 milhões de cooperados no Brasil, 7.355 cooperativas, em 13 espécies de ramos. As cooperativas dão 182 mil empregos. Representam 6% do PIB brasileiro. 43% das cooperativas estão na região Sudeste, 17% na região Sul, 22% na região Nordeste, 10% na região Centro-Oeste, 9% na região Norte. Em 2003, as exportações feitas pelas cooperativas atingiram US$ 1,09 bilhão.

A Vicunha passou a adotar o trabalho por cooperativas, com sede no Nordeste. Essa foi a forma encontrada para produzir suas roupas e poder concorrer com o baixo preço das roupas da China.

A Tecnocoop, cooperativa formada por ex-empregados do Serpro, tem exportado *software* para a China.

A distribuição de leite dos pequenos produtores é feita por cooperativas. A reunião dos vários pequenos produtores por meio das cooperativas possibilita uma produção adequada para ser comercializada. Não fossem as cooperativas, o mercado de leite estaria nas mãos dos grandes produtores, que poderiam estabelecer altos preços. Os pequenos produtores recebem o mesmo preço unitário que os grandes produtores.

A Lei Complementar n. 130, de 17 de abril de 2009, trata do Sistema Nacional de Crédito Cooperativo e revoga artigos da Lei n. 5.764/71.

O Projeto de Lei n. 4.622/04 era do Deputado Pompeo de Mattos (PDT-RS). Foram apensados o Projeto de Lei n. 6.265/05 da Comissão de Legislação Participativa, o Projeto de Lei n. 6.449/05 do Deputado Walter Barelli e o Projeto de Lei n. 7.009/06 do Poder Executivo. Foi aprovado em 2008 e encaminhado ao Senado Federal. No Senado, era o Projeto n. 131/08 e foi aprovado com emendas em 2009. Foi devolvido à Câmara dos Deputados. As alterações foram aprovadas na Câmara. Foi sancionada a Lei n. 12.690, de 19 de julho de 2012, que regula as cooperativas de trabalho. No que com ela não colidir, são aplicadas a Lei n. 5.764/71 e o Código Civil. A Lei n. 12.690/2012 não revoga a Lei n. 5.764/71, que continua em vigor.

Estão excluídas da aplicação da Lei n. 12.690/2012 (parágrafo único do art. 1º):

- as cooperativas de assistência à saúde na forma da legislação de saúde suplementar.

A regulamentação da Saúde por meio de operadoras privadas é feita pela Agência Nacional de Saúde Suplementar, que as fiscaliza.

Há necessidade de observar as normas relativas a tal entidade, que exige capital mínimo para as cooperativas operarem e outros requisitos. Não é qualquer cooperativa que pode entrar nesse ramo de atividade.

O Sistema Único de Saúde que trata o § 1º do art. 198 da Constituição é o sistema público e não o privado, por isso precisa ser custeado e não "financiado".

O art. 199 da Constituição dispõe que a assistência à saúde é livre à iniciativa privada.

As diretrizes são do Sistema Único de Saúde, que não veda a participação de cooperativas, como ocorre com a Unimed. Se não proíbe expressamente, permite.

Uma cooperativa pequena não consegue participar do sistema de saúde, pois não tem capital mínimo e não atende aos requisitos legais e da ANS.

O contrato de Direito Público ou convênio é feito entre a Administração Direta e a cooperativa, porém não é esse o caso, pois aqui é de operação direta pela cooperativa. Se não há entidades filantrópicas ou sem fins lucrativos que se habilitem a prestar a saúde, as cooperativas podem fazê-lo.

Se a cooperativa tem estabelecimento próprio ou pretende prestar plano de saúde, poderá participar, desde que atenda aos requisitos legais e às regras da ANS.

Dispõe o § 2º do art. 1º da Lei n. 9.656/98 que:

§ 2º Incluem-se na abrangência desta Lei as cooperativas que operem os produtos de que tratam o inciso I e o § 1º deste artigo, bem assim as entidades ou empresas que mantêm sistemas de assistência à saúde, pela modalidade de autogestão ou de administração.

Se a cooperativa é de autogestão ou de administração poderá participar. A Unimed é uma cooperativa. Tem os referidos planos. Está de acordo com a Lei n. 9.656 e as regras da ANS.

Se a cooperativa atender aos requisitos da ANS e da legislação específica, nada impede de participar dos planos de saúde.

- as cooperativas que atuam no setor de transporte regulamentado pelo poder público e que detenham, por si ou por seus sócios, a qualquer título, os meios de trabalho.

Se os sócios detêm os meios de trabalho, assumem os riscos do empreendimento e mostram autonomia na prestação de serviços.

Exemplo pode ser de cooperativa de táxi, inclusive as que atuam nos aeroportos, de transporte por ônibus, van, micro-ônibus. O meio de trabalho é o próprio veículo que é utilizado para o transporte de passageiros.

- as cooperativas de profissionais liberais cujos sócios exerçam as atividades em seus próprios estabelecimentos. Exemplos são as cooperativas de médicos, dentistas, anestesistas, em que esses profissionais atuam nos seus próprios consultórios.

Se o sócio, profissional liberal, exerce a atividade no seu próprio estabelecimento, pode atender ou não as pessoas, estabelecer o horário que quer atender, o que indica autonomia na prestação de serviços.

- as cooperativas de médicos cujos honorários sejam pagos por procedimento.

Recebem por procedimento, como de consultas e cirurgias. Têm autonomia na fixação do preço do serviço e também no horário de atendimento. O procedimento pode ser recusado ou não, o que indica autonomia na prestação de serviços.

O art. 30 da Lei n. 12.690/2012 revogava o parágrafo único do art. 442 da CLT, mas foi vetado. As razões do veto foram "o dispositivo da CLT que se pretende revogar disciplina a matéria de forma ampla e suficiente, sendo desnecessária regra específica para as cooperativas de trabalho". O parágrafo único do art. 442 da CLT trata das cooperativas de um modo geral.

A Lei n. 12.690/2012 estimula o cooperativismo.

Talvez o ideal seria que a lei tivesse só o art. 7º, pois muitas regras já estavam na Lei n. 5.764/71 e foram repetidas na Lei n. 12.690/2012.

Em 31-5-2012, segundo a OCERGS, havia 10.152.408 associados no Brasil; 7.062 cooperativas no Brasil.

Em 31.12.20 havia 4.868 cooperativas, 17,2 milhões de associados, empregando 455 mil pessoas. No mundo, são 3 milhões de cooperativas em 150 países, um bilhão de cooperados e 280 milhões de funcionários.

3
CONCEITO

3.1 ETIMOLOGIA

Cooperação é proveniente do latim *cooperatio*, com o significado de ação de cooperar.

Diva Benevides Pinho ensina que cooperação tem o sentido de "prestação de auxílio para um fim comum"[1].

Cooperativa vem do latim *cooperativus*, de *co operari*, que tem o significado de obra em comum.

3.2 DENOMINAÇÃO

Na França, as cooperativas de trabalho são denominadas de *sociedades cooperativas operárias de produção* ou *cooperativas operárias de produção*[2].

Na América, são usadas as expressões *cooperativas de produção, cooperativas de trabalho e produção* ou *cooperativas de trabalho*.

A denominação *cooperativas de trabalho* engloba as cooperativas de produção ou serviço e as de mão de obra.

São, ainda, usadas as denominações *gatoperativas* para as cooperativas fraudulentas que têm o mesmo intermediário de antes, que era o gato, e passa a ser a cooperativa. Também é usada a denominação *coopergato*. Os trabalhadores são transportados para onde vão trabalhar e alojados em locais com condições precárias de higiene e saúde. Normalmente, são encontradas na área rural.

Fraudeoperativa é a cooperativa fraudulenta, que não observa as determinações legais relativas à matéria.

---

1. PINHO, Diva Benevides. *Dicionário de cooperativismo*. São Paulo: Secção Gráfica da Faculdade de Filosofia, Ciências e Letras da Universidade de São Paulo, 1962, p. 65-66.
2. OLIVEIRA, Terezinha Cleide. *O desenvolvimento das cooperativas de trabalho no Brasil*. São Paulo: OCB, 1984, p. 19 (Série Difusão Cooperativista n. 2).

Pseudoperativa é cooperativa que parece, mas não é uma sociedade cooperativa. Não tem tais condições.

3.3 CONCEITO

Existem vários conceitos legais sobre cooperativa.

Conceitua o artigo 1º da Lei de Cooperativas da Alemanha, de 1º de maio de 1889, as cooperativas como "sociedades nas quais o número de sócios é variável, que têm por objeto fomentar a produção ou o consumo de seus sócios por meio de uma empresa comum".

A Lei Estatal n. 27, de 16 de julho de 1999, da Espanha, estabelece que:

> a cooperativa é uma sociedade constituída por pessoas que se associam, em regime de livre adesão e voluntariamente, para a realização de atividades empresariais, encaminhadas a satisfazer suas necessidades e aspirações econômicas e sociais, com estrutura e funcionamento democrático; conforme os princípios formulados pela aliança cooperativa internacional (art. 1º, apartado 1).

A Lei n. 4, de 24 de junho de 1993, do País Basco, dispõe que a cooperativa é a sociedade que desenvolve uma empresa que tem por objeto prioritário a promoção das atividades econômicas e sociais de seus membros e a satisfação de suas necessidades com a participação ativa das referidas pessoas, observando os princípios do cooperativismo e atendendo à comunidade a seu redor (art. 1º). São cooperativas de trabalho associado as formadas principalmente por pessoas físicas, que, mediante seu trabalho, realizam qualquer atividade econômica ou profissional para produzir em comum bens e serviços para terceiros (art. 99).

O Decreto Legislativo n. 1, de 10 de fevereiro de 1992, da Catalunha, afirma que as cooperativas são:

> sociedades que, com plena autonomia e de acordo com os princípios da livre adesão e da voluntariedade, com capital variável e estrutura e gestão democráticas, associam pessoas naturais ou jurídicas que têm interesses ou necessidades socioeconômicas comuns, que se propõem melhorar a situação econômica e social de seus componentes e da comunidade às quais pertencem, desenvolvendo uma atividade empresarial de base coletiva, em que o serviço mútuo e o aporte pecuniário de todos os membros permitam cumprir uma função que tenda a melhorar as relações humanas e a antepor os interesses coletivos a toda a ideia de benefício particular (art. 1º).

São cooperativas de trabalho associado aquelas que associam a pessoas físicas que, mediante seu trabalho, se propõem a exercer alguma atividade econômica ou profissional para terceiros (art. 101).

A Lei n. 31, de 31 de março de 1999, da Andaluzia, afirma que é sociedade cooperativa aquela que realiza qualquer atividade econômica-social lícita para a mútua ajuda entre seus membros, ao serviço destes e da Comunidade, mediante a aportagem e atividade de todos os seus sócios com observância dos princípios e disposições desta lei (art. 2º).

O Estatuto da Cooperação, da França, de 10 de setembro de 1947, estabelece que as cooperativas:

> são sociedades cujos fins essenciais são: 1º) reduzir, em benefício de seus membros e por esforços comuns destes, o preço de custo e, em caso, o preço de venda, de determinados produtos ou serviços, assumindo as funções dos empresários ou intermediários cujo benefício agravaria os custos; 2º) melhorar a qualidade comercial dos produtos fornecidos a seus membros, ou dos produzidos por estes últimos e vendidos aos consumidores. E, em geral, contribuir para a satisfação de necessidades e para a promoção das atividades econômicas e sociais de seus membros, assim como a sua formação (art. 1º).

Menciona o artigo 2º da Lei n. 51/96 (Código Cooperativo de Portugal) que:

> as cooperativas são pessoas coletivas autônomas, de livre constituição, de capital e composição variáveis, que, através da cooperação e mútua ajuda de seus membros e observando os princípios cooperativos, buscam a satisfação, sem fins lucrativos, das necessidades econômicas, sociais ou culturais daqueles.

Determinava o art. 24 do Decreto n. 22.239/32 que:

> são sociedades cooperativas de trabalho aquelas que, constituídas entre operários de uma determinada profissão, ou de ofício, ou de ofícios vários de uma mesma classe, têm como finalidade primordial melhorar os salários e as condições de trabalho pessoal de seus associados, e, dispensando a intervenção de um patrão ou empresário, se propõem contratar obras, tarefas, trabalhos ou serviços, públicos ou particulares, coletivamente por todos ou por grupos de alguns.

A palavra *operário* encontrada na referida definição envolve trabalhador subordinado, tanto que se fala em salário, que é inerente a quem tem contrato de trabalho, e não a trabalhadores autônomos e eventuais, que seriam as pessoas que poderiam associar-se.

Dispõe o art. 3º da Lei n. 5.764/71 que "celebram contrato de sociedade cooperativa as pessoas que reciprocamente se obrigam a contribuir com bens ou serviços para o exercício de uma atividade econômica, de proveito comum, sem objetivo de lucro". Cooperativa, na verdade, não é contrato, mas espécie de sociedade, organização de pessoas.

Indica o art. 4º da Lei n. 5.764/71 que as cooperativas são sociedades de pessoas com forma e natureza jurídica próprias, de natureza civil, não sujeitas à falência, constituídas para prestar serviços aos associados. O conceito é correto quando dispõe que as cooperativas são sociedades de pessoas. Não deveria ser dito, porém, que a sociedade cooperativa tem natureza própria e natureza civil. Se tem natureza própria não havia necessidade de dizer que a natureza é civil. Na verdade, a natureza da sociedade não deveria estar no conceito de cooperativa, mas em outro artigo que viesse a tratar da natureza jurídica da cooperativa. Esse elemento não é importante para a definição da cooperativa. O mesmo ocorre em relação ao fato de estar ou não sujeita à falência, pois esse elemento é descabido para se conceituar a cooperativa.

O Bureau International du Travail conceitua a cooperativa como "uma forma de organização em que as pessoas se associam voluntariamente sobre um pé de igualdade para defender seus interesses econômicos".

A Recomendação n. 127 da OIT (item 12, alínea *a*) define cooperativa como:

uma associação de pessoas que se agrupam voluntariamente, para alcançar um objetivo comum mediante a formação de uma empresa controlada democraticamente; que contribuem com uma quota equitativa do capital que se requer, e assumem uma justa parte nos riscos e benefícios; e em cujo funcionamento os sócios participam ativamente.

Indica o conceito a autogestão da cooperativa e a democracia nas decisões da cooperativa.

A Recomendação n. 193 da OIT, de 3 de junho de 2002, considera que o termo *cooperativa* significa associação autônoma de pessoas que se unem voluntariamente para atender a suas necessidades e aspirações comuns, econômicas, sociais e culturais, por meio de empreendimento de propriedade comum e de gestão democrática.

A Aliança Cooperativa Internacional conceitua a cooperativa como:

qualquer que seja sua constituição legal, toda associação de pessoas que tenha por fim melhorar a condição econômica e social de seus membros, pela exploração de uma empresa baseada na entreajuda, e que atue conforme os princípios de Rochdale (art. 8º do Estatuto).

Nos termos do art. 2º da Lei n. 12.690/2012, considera-se:

Cooperativa de Trabalho a sociedade constituída por trabalhadores para o exercício de suas atividades laborativas ou profissionais com proveito comum, autonomia e autogestão para obterem melhor qualificação, renda, situação socioeconômica e condições gerais de trabalho.

O proveito comum é o fato de a cooperativa trabalhar em benefício dos associados. Atividade laborativa é a do trabalho e a atividade profissional é a no exercício da profissão. A autonomia deve ser exercida de forma coletiva e coordenada, mediante a fixação, em Assembleia Geral, das regras de funcionamento da cooperativa e da forma de execução dos trabalhos (§ 1º). Considera-se autogestão o processo democrático no qual a Assembleia Geral define as diretrizes para o funcionamento e as operações da cooperativa, e os sócios decidem sobre a forma de execução dos trabalhos (§ 2º).

A doutrina também enumera vários conceitos sobre cooperativa.

Carvalho de Mendonça leciona que as sociedades cooperativas são:

> institutos modernos, tendentes a melhorar as condições das classes sociais, especialmente dos pequenos capitalistas e operários. Elas procuram libertar essas classes da dependência das grandes indústrias por meio da união das forças econômicas de cada uma; suprimem aparentemente o intermediário, nesse sentido: as operações ou serviços que constituem o seu objeto são realizados ou prestados aos próprios sócios e é exatamente para esse fim que se organiza a empresa cooperativada; diminuem despesas, pois que, representando o papel de intermediário, distribuem os lucros entre a própria clientela associada; em suma, concorrem para despertar e animar o hábito da economia entre os sócios[3].

Amador Paes de Almeida esclarece que sociedade cooperativa é a sociedade de pessoas, com capital variável, que se propõe, mediante a cooperação de todos os sócios, a um fim econômico[4].

Valentin Carrion afirma que cooperativa é "a associação voluntária de pessoas que contribuem com seu esforço pessoal ou suas economias, a fim de obter para si, as vantagens que o agrupamento possa propiciar"[5].

Muitos conceitos doutrinários acabam incidindo no erro de ficar enumerando as características das sociedades cooperativas.

Cooperativa é a sociedade de pessoas que tem por objetivo a organização de esforços em comum para a consecução de determinado fim.

Do conceito, nota-se que as cooperativas são sociedades de pessoas. Não importa o capital para a configuração da sociedade, mas as pessoas envolvidas, que, mediante iniciativa em comum, objetivam atingir determinado fim. Na sociedade de capital, como nas sociedades anônimas de capital aberto, pouco importa quem são as pessoas que adquirem as ações, mas efetivamente o capital. A sociedade cooperativa é *intuitu personae*. Compreende determinadas pessoas e não o capital subscrito. Tem por característica as pessoas envolvidas, a associação, a solidariedade e comunhão de interesses entre os associados para a consecução de determinado fim.

---

3. MENDONÇA, J. X. Carvalho de. *Tratado de direito comercial brasileiro*. Rio de Janeiro: Freitas Bastos, 1954, p. 240.
4. ALMEIDA, Amador Paes. *Manual das sociedades comerciais*. 10. ed. São Paulo: Saraiva, 1998, p. 342.
5. CARRION, Valentin. *Cooperativas de trabalho*: autenticidade e falsidade. *Revista LTr* 63-02/167, fev. 1999.

De modo geral, as cooperativas são sociedades de pessoas físicas. Entretanto, é possível a existência de cooperativas de pessoas jurídicas, como para adquirir bens por preço inferior ao de mercado. O art. 3º da Lei n. 5.764/71 prevê que as cooperativas são sociedades de pessoas, mas não apenas de pessoas físicas, podendo, portanto, ser de pessoas jurídicas. O inciso I do art. 6º da Lei n. 5.764/71 permite que as cooperativas singulares sejam compostas de pessoas jurídicas, que tenham por objeto as mesmas ou correlatas atividades econômicas das pessoas físicas ou, ainda, nas cooperativas sem fins lucrativos.

Os membros da cooperativa não têm subordinação entre si, mas vivem num regime de colaboração.

O objetivo da cooperativa é a cooperação entre as pessoas para determinado fim comum, visando à melhoria das condições de vida de seus participantes.

Fábio Luz Filho afirma que o cooperativismo repousa no valor da pessoa humana, tem por centro o homem, por princípio a satisfação de suas necessidades, a certeza da subsistência[6].

---

6. LUZ FILHO, Fábio. *Teoria e prática das sociedades cooperativas*. Rio de Janeiro: Irmãos Pongetti, 1945, p. 48.

4
DISTINÇÃO

4.1 EMPRESA

As cooperativas não se confundem com empresas. São criadas para atender aos cooperados, proporcionando-lhes bens ou serviços. Não visam ao lucro; produzem sobras.

As empresas têm por objetivo produzir bens ou serviços para o mercado visando ao lucro. Distribuem entre os sócios o lucro proveniente dessa atividade.

Nas empresas, quanto mais ações ou cotas tiver o sócio, maior possibilidade de direção terá na sociedade. Na cooperativa, o cooperado só tem direito a um voto, independentemente do número de cotas que possuir na cooperativa.

4.2 EMPRESA DE TRABALHO TEMPORÁRIO

Difere a cooperativa da empresa de trabalho temporário. Esta visa ao lucro. A primeira não tem fins lucrativos. A empresa de trabalho temporário tem por objetivo intermediar mão de obra temporária, colocando-a no tomador de serviços. A cooperativa não tem esse objetivo, mas presta serviços aos sócios.

4.3 SINDICATOS

Distinguem-se as cooperativas dos sindicatos.

As cooperativas visam à prestação de serviços a seus associados. Por exemplo: de distribuição da produção. O sindicato tem por objetivo a defesa dos interesses coletivos e individuais da categoria, judicial ou extrajudicialmente (art. 8º, III, da Constituição, e art. 513, *a*, da CLT).

Têm natureza civil as cooperativas. Os sindicatos têm característica trabalhista, de defender os interesses trabalhistas da categoria e de seus associados.

São sociedades as cooperativas. Os sócios têm responsabilidade limitada. Os sindicatos são associações, mas não há responsabilidade dos sócios.

Os sindicatos não devem exercer atividade econômica (art. 564 da CLT), ao contrário das cooperativas.

Nas cooperativas, há necessidade de subscrição de cotas-partes, pois elas têm natureza societária, enquanto nos sindicatos isso não é preciso.

Nos sindicatos, há o pagamento da mensalidade sindical para a pessoa passar a ser sócia da agremiação. Nas cooperativas, não há pagamento de mensalidade, mas subscrição das cotas-partes para a formação do capital da cooperativa.

As cooperativas são formadas por trabalhadores autônomos e eventuais. Os sindicatos de trabalhadores defendem geralmente interesses de trabalhadores subordinados, que são os empregados.

As sobras nas cooperativas são divididas entre os cooperados. Isso não ocorre entre os sócios do sindicato.

Os prejuízos na atividade da cooperativa são divididos entre os sócios dela, que assumem os riscos de sua atividade econômica (arts. 36 e 80 da Lei n. 5.764/71). Os prejuízos verificados no decorrer do exercício serão cobertos com recursos provenientes do fundo de reserva e, se insuficiente este, mediante rateio, entre os associados, na razão direta dos serviços usufruídos (art. 89 da Lei n. 5.764/71). No sindicato, os associados não assumem riscos de atividade, pois o sindicato não exerce atividade. A responsabilidade dos sócios da cooperativa é, portanto, maior do que a dos associados do sindicato.

Sindicatos e cooperativas são, porém, regidos pela adesão livre, pela autonomia privada coletiva, pela democracia das decisões e não objetivam lucro.

4.4 ASSOCIAÇÃO

A associação é o embrião do sindicato, o estágio inicial para se transformar no sindicato. Envolve iniciativa em comum.

Não se confunde a cooperativa com a associação. Esta geralmente tem por objetivo a realização de atividades assistenciais, culturais ou recreativas. As cooperativas têm por finalidade a prestação de serviços aos sócios. Nas associações não existe capital, nem são distribuídas sobras.

Tanto as cooperativas como as associações não têm objetivo lucrativo.

4.5 ORGANIZAÇÕES COMUNITÁRIAS DE TRABALHO

Distancia-se a cooperativa das organizações comunitárias de trabalho. Nestas, o objetivo é fazer um trabalho para a coletividade, como no mutirão para a construção de casas. A cooperativa visa à melhoria das condições econômicas e sociais do trabalhador. Os cooperados prestam serviços continuamente. No mutirão, o trabalho é feito por prazo determinado, até o término da obra.

Em muitos casos, as organizações comunitárias de trabalho são desenvolvidas no âmbito rural para a produção de produtos agrícolas.

As organizações comunitárias de trabalho dependem da legislação e características de cada país. Por exemplo: na China, há as comunas; em Israel, os *kibutz*; no México, os *ejidos*; na Rússia, os *kolkhoz*.

Kibutz é uma pequena fazenda coletiva, em Israel. É uma forma de organização comunitária de trabalho e da produção coletiva agrícola. A cooperativa não tem a característica de pequena fazenda coletiva, mas de uma organização em comum de pessoas para determinado fim.

Diferencia-se a cooperativa da relação de emprego. A cooperativa tem por pressuposto a relação de trabalho das pessoas, sem subordinação e os demais requisitos do contrato de trabalho.

5
NATUREZA JURÍDICA

A cooperativa tem características interessantes e às vezes estranhas de se explicar. É uma sociedade de pessoas, mas não é exatamente uma empresa, pois não tem por objetivo produzir bens ou serviços ao mercado com a finalidade de lucro.

Elas não têm renda ou lucro, mas têm sobras. Não têm faturamento, porque não emitem necessariamente faturas, mas são tributadas pela Contribuição para o Financiamento da Seguridade Social (Cofins) e pelo Programa de Integração Social (PIS), que tributam faturamento ou receita.

Desde o Decreto n. 22.239/32, já se verifica que a natureza jurídica da cooperativa é de sociedade. É o que se extrai do art. 1º da referida norma: "dá-se o contrato de *sociedade* cooperativa ...". O dispositivo legal não foi claro em definir a cooperativa como sociedade civil ou comercial, daí por que se entendia que sua natureza jurídica era *sui generis*.

Tulio Ascarelli afirmava que a cooperativa não tinha a qualidade de sociedade, mas de associação. Os sócios têm por objetivo o lucro, enquanto na cooperativa não há interesse lucrativo, daí por que seria uma associação com objetivos comuns.

Reza o art. 3º da Lei n. 5.764/71 que "celebram contrato de *sociedade* cooperativa".

Há natureza societária na cooperativa, pois diz respeito ao ânimo de ser sócio da cooperativa.

Sua natureza é contratual, porque a própria lei menciona que há contrato de sociedade. A inobservância da previsão contratual implica que o cooperado pode ser desligado da sociedade.

Não se pode dizer, portanto, que a cooperativa tem natureza de associação, mas contratual.

Prevê o art. 3º da Lei n. 5.764/71 que "celebram contrato de sociedade cooperativa as pessoas". Menciona o art. 4º da mesma norma que as cooperativas são sociedades de pessoas. Assim, o aspecto essencial é o relacionamento entre os sócios, a cooperação ou solidariedade entre eles para um objetivo comum.

Cesare Vivante esclarece que a sociedade cooperativa pode ter natureza comercial, desde que seu objetivo seja comercial. Se a cooperativa compra para revender, mesmo que por preço de custo, sua natureza é comercial. Será civil a cooperativa que não exercitar o ato de comércio[1].

Carvalho de Mendonça leciona que:

as sociedades cooperativas não visam promover lucros para distribuí-los em dinheiro de contado entre os sócios; propõem-se, sim, a adquirir mercadorias, produtos, víveres, para o fim de revender-lhes o mais barato possível, a fornecer-lhes crédito com melhores e mais justas vantagens do que os estabelecimentos bancários, a proporcionar-lhes a aquisição de habitações mais cômodas, mais higiênicas e mais baratas do que as que podiam obter de empresas construtoras. Elas assim o fazem com o escopo de procurar criar em favor dos sócios as condições técnicas do mínimo custo. Ora, tudo isto representa também um lucro, e nem outro alvo têm os sócios. Em tese, normalmente, é sempre comercial o objeto da cooperativa. Além disto, podem elas ainda especular, auferindo lucros pecuniários fora do círculo dos sócios, em cuja vantagem direta se inspiram[2].

Hernani Estrella assevera que:

na sua essência, a cooperatividade, ainda que exercida sob as vestes de pessoa jurídica, não pertence ao domínio do direito comercial, que só se ocupa com as formas associativas nas quais a perspectiva de lucro é o escopo perseguido por todos os participantes[3].

Amador Paes de Almeida afirma que:

a sociedade cooperativa, como tivemos ensejo de acentuar, não se confunde com a sociedade comum, exatamente por faltar-lhe finalidade especulativa, embora não seja o lucro incompatível com a sua natureza. Muito ao contrário, o lucro está para a cooperativa na mesma situação em que está para a empresa pública, constituindo-se em mera decorrência de uma gestão profícua, mesmo porque, como já observamos, dificilmente manter-se-á uma sociedade cooperativa deficitária[4].

Faz referência a "essência híbrida – misto de associação e de sociedade"[5].

Indica o art. 4º da Lei n. 5.764/71 que as cooperativas são sociedades de pessoas com forma e natureza jurídica próprias, de natureza civil, não sujeitas à falência, constituídas para prestar serviços aos associados. Não deveria ser dito que a cooperativa tem forma e natureza jurídica próprias, pois, na verdade, tem um direito próprio, que é o Direito Cooperativo, ou então legislação própria, que é a Lei n. 5.764/71. Assim, tais afirmações não precisavam ficar na definição legal.

---

1. VIVANTE, Cesare. *Trattato di diritto commerciale*. Milão, 1928.
2. MENDONÇA, J. X. Carvalho de. *Tratado de direito comercial brasileiro*. Rio de Janeiro: Freitas Bastos, 1954, p. 248.
3. ESTRELLA, Hernani. *Curso de direito comercial*, 1973.
4. ALMEIDA, Amador Paes de. *Manual das sociedades comerciais*. 10. ed. São Paulo: Saraiva, 1998, p. 345.
5. Idem, ibidem, p. 346.

Pior foi colocar que as sociedades cooperativas têm forma e natureza jurídica próprias e natureza civil, pois:

> a cooperativa no Brasil passou a ser a única sociedade com duas naturezas diferentes (...). O técnico governamental que acresceu ao anteprojeto original da OCB a expressão "de natureza civil", tinha a obrigação de cortar então a expressão anterior, de natureza própria, ficando apenas de forma própria e natureza civil[6].

A natureza da cooperativa é civil, conforme o art. 4º da Lei n. 5.764/71, e não comercial.

Não tem fins lucrativos, pois visa à prestação de serviços para os sócios. Proporciona trabalho e renda aos associados.

A natureza civil da cooperativa mostra que seu objetivo é a prestação de serviços para os associados, e não a prestação de serviços para qualquer pessoa com finalidade de lucro.

Na cooperativa, a subscrição do capital não é o elemento essencial para demonstrar a condição associativa, como ocorre em qualquer outro tipo de sociedade. O importante é o objetivo comum da sociedade, de proporcionar melhores condições de trabalho aos associados. Permite o inciso I do art. 194 do Código Civil que seja dispensado o capital social, pois o capital não é o aspecto essencial da cooperativa, mas a reunião das pessoas para um objetivo comum. Faz referência o inciso VI do art. 1.094 do Código Civil ao fato de que a cooperativa pode ou não ter capital.

Tem natureza social e capitalista ao mesmo tempo a cooperativa. Social em decorrência da solidariedade da pessoa para a obtenção de um objetivo comum. Capitalista porque há necessidade de aporte de capital para que ela possa ser criada e funcionar. O trabalho é feito com a utilização do capital, que serve para comprar os bens necessários para a cooperativa funcionar, como máquinas. Não atua para o capital.

Nossa legislação é, porém, contraditória quando afirma que a cooperativa tem natureza civil e não fica sujeita à falência, mas é registrada na Junta Comercial. Se a cooperativa tem natureza civil, evidentemente não está sujeita à falência, pois sociedades de natureza civil não estão sujeitas ao regime falimentar. Estará sujeita a cooperativa à liquidação. Se a cooperativa tem natureza própria, não se sujeita exatamente ao Direito Civil ou Comercial.

A cooperativa tem natureza de pessoa jurídica de direito privado. É sociedade de autogestão.

---

6. BULGARELLI, Waldirio. *Sociedades comerciais*. 9. ed. São Paulo: Atlas, 2000, p. 259.

6
OBJETIVO

Não se confunde o objeto com o objetivo da cooperativa. O objetivo de uma sociedade é o lucro. O objetivo da cooperativa é prestar serviços aos seus associados. O objeto da cooperativa pode ser de qualquer natureza ou atividade, como de serviços, de trabalho, de consumo etc.

A primeira leitura dos arts. 4º e 7º da Lei n. 5.764/71 indicaria que a cooperativa só presta serviços aos associados, não podendo prestar serviços para terceiros. O objetivo, portanto, da cooperativa é prestar serviços aos associados (art. 4º). O art. 86 da mesma norma mostra que as sociedades cooperativas poderão fornecer bens e serviços a não associados, desde que tal faculdade atenda aos objetivos sociais e esteja de conformidade com a lei. É possível, portanto, a prestação de serviços a não associados, desde que sejam atendidos os objetivos da cooperativa.

Não se confunde o fim da cooperativa com seu objeto.

O fim da cooperativa é prestar serviços aos associados (arts. 4º e 7º da Lei n. 5.764/71), melhorar a condição econômica deles.

As sociedades cooperativas podem adotar por objeto qualquer gênero de serviço, operação ou atividade (art. 5º da Lei n. 5.764/71). O objeto da cooperativa é o ramo de sua atividade, como médica, de consumo, de distribuição etc.

Afirma Meyer-Meulenbergh que "objeto do empreendimento é o meio pelo qual, no caso concreto, a cooperativa procura alcançar o seu fim, que é a prestação de auxílio a seus associados"[1].

O objetivo da cooperativa é eliminar o intermediário. É o que ocorre principalmente nas cooperativas de distribuição de bens, o que encareceria o preço da mercadoria.

Funciona a cooperativa como intermediária entre os associados e os tomadores de serviço.

Pretende ela satisfazer a objetivos comuns dos associados.

---

1. MEYER-MEULENBERGH. *Genossenschaftsgesetz*. 11. ed., p. 43.

Procura-se também que haja a melhoria da renda dos associados, valorizando o trabalho das pessoas.

Não objetiva a cooperativa o retorno do capital investido, mas a conciliação de esforços e economias para a concretização dos fins do grupo.

As cooperativas de trabalho têm por objetivo conseguir trabalho para os associados. É o resultado do trabalho, não importando quem efetivamente presta serviços ou de que maneira este é feito.

Envolve também a cooperativa uma atividade econômica, pois representa um complexo organizacional dos fatores da produção, produzindo bens e serviços.

Tem finalidade social, que é a ajuda mútua entre os cooperados. Proporciona igualdade de oportunidades, até para os desiguais.

7
CLASSIFICAÇÃO

O cooperativismo pode ter dois aspectos: o cooperativismo como política social e as cooperativas de trabalho.

Havia normas legais que estabeleciam as espécies de cooperativas. O art. 21 do Decreto n. 22.239/32 estabelecia:

- cooperativas de produção agrícola;
- cooperativas de produção industrial;
- cooperativas de trabalho;
- cooperativas de beneficiamento de produtos;
- cooperativas de compras em comum;
- cooperativas de vendas em comum;
- cooperativas de consumo;
- cooperativas de abastecimento;
- cooperativas de crédito;
- cooperativas de seguro;
- cooperativas de construção de casas populares;
- cooperativas editoras e de cultura intelectual;
- cooperativas escolares;
- cooperativas mistas;
- cooperativas centrais;
- cooperativas de cooperativas (federações).

Entendia-se que o rol descrito na norma mencionada era apenas exemplificativo e não taxativo.

Prevê o art. 5º da Lei n. 5.764/71 que as sociedades cooperativas poderão adotar por objeto qualquer gênero de serviço, operação ou atividade, assegurando-se lhes o direito exclusivo. Isso mostra a flexibilidade no objeto da cooperativa. A única exigência determinada pela lei é que da denominação conste a palavra *cooperativa*. É a forma de distinguir a cooperativa de outros tipos de sociedades. As cooperativas podem ser livremente criadas, independentemente de autorização, sendo vedada a interferência estatal em seu funcionamento (art. 5º, XVIII, da Constituição).

Classificam-se também de acordo com o objeto ou pela natureza das atividades desenvolvidas por elas ou por seus associados (art. 10 da Lei n. 5.764/71). Além das modalidades de cooperativas já consagradas, caberá ao respectivo órgão controlador apreciar e caracterizar outras que se apresentem (§ 1º do art. 10 da Lei n. 5.764/71). Com base no inciso XVIII do art. 5º da Lei Maior, não mais existe órgão controlador, pois o Estado não pode interferir em seu funcionamento.

Para a prestação de serviços de interesse comum, é permitida a constituição de cooperativas centrais, às quais se associem outras cooperativas de objetivo e finalidades diversas (parágrafo único do art. 8º da Lei n. 5.764/71).

As cooperativas podem ser classificadas de várias formas.

Quanto à forma legal, de acordo com a Lei n. 5.764/71, as cooperativas podem ser:

- singulares: são as constituídas com no mínimo 20 pessoas físicas. É permitida excepcionalmente a admissão de pessoas jurídicas;
- cooperativas centrais ou federações de cooperativas: seus associados são as cooperativas singulares. São constituídas com, no mínimo, três cooperativas singulares;
- confederações de cooperativas: são constituídas com, no mínimo, três federações de cooperativas ou cooperativas centrais.

Quanto aos fins socioeconômicos, as cooperativas podem ser:

- de consumo: que tem por objetivo fornecer aos associados artigos de consumo a preços baixos. A cooperativa adquire e fornece aos cooperados os bens;
- de compras em comum: quando adquire bens para os cooperados;
- de distribuição: visando distribuir a produção para outros locais, sem intermediários, que encareceriam o preço do produto;
- de produção: associam-se nesse tipo de cooperativa pessoas que possuem máquinas e equipamentos para a fabricação de produtos, previamente contratados. Será produzido um bem material;
- de vendas em comum: as cooperativas recebem a produção dos cooperados, fazem armazenamento, beneficiamento e vendem no mercado;

- de provisão: visam proporcionar aos cooperados mercadorias ou serviços para que eles possam desempenhar suas atividades econômicas, como máquinas, ferramentas, sementes, matérias-primas etc.;

- de crédito: visando proporcionar crédito ou empréstimos aos associados com taxas de juros inferiores às de mercado;

- de serviço: proporcionando a prestação de serviços aos associados, como transporte, abastecimento, distribuição etc.

- mistas: são as que apresentam mais de um objeto de atividades (§ 2º do art. 10 da Lei n. 5.764/71), como as que envolvem produção, de consumo e de crédito.

Desroche[1] classifica as cooperativas em:

- modelo autônomo: é constituída de operários associados. O capital é proveniente de suas poupanças ou de socialização das sobras. Tem inspiração em Buchez;

- modelo comunitário: é inspirado no modelo de Robert Owen e das agroindústrias de *kibutz*;

- modelo participativo: segue a linha de Fourier. Combina capital, trabalho e talento. Exemplo: o Complexo de Mondragon, na Espanha;

- modelo sindical: é proveniente do sistema sindical ou do sindicalismo cooperativizado;

- modelo federado: tem inspiração inglesa. É proveniente das cooperativas atacadistas (Wholesales), de 1895;

- modelo político: transformação do regime econômico para o desenvolvimento do cooperativismo.

Podem as cooperativas ser instituídas de diversas formas:

- cooperativas de produção, como ocorria na Iugoslávia. No Brasil, houve a criação de Cooperativas de Produção Agropecuárias, visando aos assentamentos dos sem-terra;

- organizações comunitárias de trabalho, como nos *kibutz* de Israel;

- cooperativas de trabalho. Esclarece Marcelo Mauad que:

são cooperativas de trabalho as organizações formadas por pessoas físicas, trabalhadores autônomos ou eventuais, de uma ou mais classes de profissão, reunidos para o exercício profissional em comum, com a finalidade de melhorar a condição econômica e as condições

---

1. *Pour le traité d'economie sociale*, 1983.

gerais de trabalho dos seus associados, em regime de autogestão democrática e de livre adesão, os quais, dispensando a intervenção de um patrão ou empresário, propõem-se a contratar e a executar obras, tarefas, trabalhos ou serviços públicos ou particulares, coletivamente por todos ou por grupo de alguns[2].

Utilizam capital, equipamentos e instalações próprias, produzindo serviços. Podem ser de produção agrícola, industrial e artesanal. Têm por objetivo a venda de bens e serviços para o mercado. As cooperativas de trabalho só podem ser formadas por pessoas físicas, que são as pessoas que irão prestar o trabalho. Assim, não podem ser formadas por pessoas jurídicas são exemplos as cooperativas de médicos, dentistas, engenheiros etc.;

- cooperativas de profissionais liberais. Como as Unimeds (de médicos ou de medicina), Uniodontos (de dentistas) etc.;

- cooperativas de mão de obra. Na Argentina, são denominadas cooperativas de *mano de obra*. São cooperativas que operam nas instalações de outras empresas, isto é, os tomadores de serviço, fornecendo a mão de obra.

A Lei n. 12.690/2012 divide as cooperativas de trabalho em:

- de produção, quando constituída por sócios que contribuem com trabalho para a produção em comum de bens e a cooperativa detém, a qualquer título, os meios de produção. Teria que transformar ou beneficiar o bem; e

- de serviço, quando constituída por sócios para a prestação de serviços especializados a terceiros, sem a presença dos pressupostos da relação de emprego (art. 4º), como de médicos, enfermeiros, radiologistas etc. A ideia de serviços especializados está também no inciso III da Súmula 331 do TST.

Cooperado de reciclagem de lixo, que faz a coleta, separa o lixo, faz prestação de serviço, pois não modifica o produto lixo. É uma cooperativa de serviço.

O inciso II do art. 4º da Lei n. 12.690/2012 faz referência apenas a cooperativa de serviços, mas qualquer dos tipos de cooperativa não deve configurar relação de emprego e não só o item I.

Diferenciam-se as cooperativas de trabalho das cooperativas de mão de obra. Nas primeiras, há a prestação de serviços pelos associados da cooperativa, que são autônomos. Nas segundas, há a exploração da mão de obra por terceiro.

---

2. MAUAD, Marcelo José Ladeira. *Cooperativas de trabalho*: sua relação com o Direito do Trabalho. São Paulo: LTr, 1999, p. 73.

Quanto à iniciativa dos organizadores, as cooperativas podem ser organizadas:

- por pessoas físicas ou instituições privadas;
- pelos poderes públicos, como as cooperativas existentes nos antigos países coletivistas.

Por atividades, as cooperativas podem ser:

- cooperativas agropecuárias, que são de produtores, como na área agrícola ou de pecuária, mas também as cooperativas agropecuárias de consumo;
- cooperativas de mineração, que existem em garimpos, em que as pessoas partilham bens de produção e outros recursos;
- cooperativas ferroviárias, que irão prestar serviços aos associados da cooperativa no âmbito das empresas ferroviárias;
- cooperativas de serviços comunitários, que podem atuar na limpeza pública, no transporte público etc.;
- cooperativas habitacionais, que visam construir moradias para as pessoas ou proporcionar meios financeiros para a construção ou aquisição de moradias;
- cooperativas de trabalho, que irão prestar serviços a outras pessoas;
- cooperativas educacionais, em que o objetivo é a educação das pessoas;
- cooperativas de crédito, em que as pessoas tomam empréstimos nessas entidades com taxa de juros inferior à de mercado;
- cooperativas de seguros, que proporcionam aos cooperados fazer seguro por preço inferior ao de mercado.

Quanto ao número de segurados, as cooperativas podem ser:

- singulares, que são formadas por no mínimo 20 pessoas físicas, caracterizando-se pela prestação direta de serviços aos associados;
- cooperativas centrais e federações de cooperativas, que objetivam organizar, em comum e em maior escala, os serviços econômicos e assistenciais de interesse das filiadas, integrando e orientando suas atividades, bem como facilitando a utilização recíproca dos serviços. São as cooperativas centrais ou federações de cooperativas constituídas, pelo menos, por três singulares, podendo, excepcionalmente, admitir associados individuais. As federações são cooperativas de segundo grau;
- confederações: pela reunião de três federações, de igual ou diversa modalidade. As confederações envolvem cooperativas de terceiro grau.

Nota-se, portanto, que as cooperativas podem ser tanto verticais, quando são reunidas em federações e confederações, como horizontais, quando são agrupadas em determinada região, independentemente de seu objeto.

A relação das cooperativas é associativa, sendo os atos praticados denominados atos cooperativos.

As cooperativas de trabalho podem ser classificadas em:

- de serviços, em que os associados prestam serviços a quem os requerer, nas diversas especialidades. São produzidos bens imateriais: serviços. O cooperado detém o *know how* do serviço. Na maioria dos casos, o serviço é prestado individualmente em relação a cada associado. Na maioria das vezes, os equipamentos de trabalho pertencem aos próprios trabalhadores, como no caso dos médicos e dentistas. Poderiam ser exemplos as Unimeds, as Uniodontos, as cooperativas de programadores de computação. Cooperativas de serviços profissionais seriam as integradas por profissionais liberais, como médicos, advogados, engenheiros. Cooperativas de serviço seriam integradas por outros profissionais que, por exemplo, não têm formação universitária;

- de mão de obra. Nestas, o objetivo é fornecer mão de obra para as empresas. Não possuem os fatores de produção dos serviços. Poderiam ser os exemplos das cooperativas de faxineiros, de vigilantes, de porteiros, de carregadores, de garçons etc.;

- mistas. São mistas as cooperativas que apresentem mais de um objeto de atividades (§ 2º do art. 10 da Lei n. 5.764/71). Envolvem o fornecimento de serviços e de mão de obra.

8
PRINCÍPIOS

Segundo Amauri Mascaro Nascimento, princípio "é um ponto de partida. Um fundamento. O princípio de uma estrada é o seu ponto de partida, ensinam os juristas"[1]. Princípio é, portanto, onde algo começa.

José Cretella Jr. afirma que "princípios de uma ciência são as proposições básicas, fundamentais, típicas que condicionam todas as estruturações subsequentes. Princípios, neste sentido, são os alicerces da ciência"[2].

Adverte Miguel Reale que:

> princípios são "verdades fundantes" de um sistema de conhecimento, como tais admitidas, por serem evidentes ou por terem sido comprovadas, mas também por motivos de ordem prática de caráter operacional, isto é, como pressupostos exigidos pelas necessidades da pesquisa e da *praxis*[3].

Carlos Maximiliano assevera que os princípios constituem "as diretivas ideias do hermeneuta, os pressupostos científicos da ordem jurídica"[4].

Celso Antônio Bandeira de Mello esclarece que princípio:

> é, por definição, mandamento nuclear de um sistema, verdadeiro alicerce dele, disposição fundamental que se irradia sobre diferentes normas, compondo-lhes o espírito e servindo de critério para sua exata compreensão e inteligência, exatamente por definir a lógica e a racionalidade do sistema normativo, no que lhe confere a tônica e lhe dá sentido harmônico[5].

Paulo de Barros Carvalho afirma que princípios são "linhas diretivas que informam e iluminam a compreensão de segmentos normativos, imprimindo-

---

1. NASCIMENTO, Amauri Mascaro. *Curso de direito processual do trabalho*. 17. ed. São Paulo: Saraiva, 1997, p. 96.
2. CRETELLA JR., José. Os cânones do direito administrativo. *Revista de Informação Legislativa*, Brasília, ano 25, n. 97, p. 7.
3. REALE, Miguel. *Lições preliminares de direito*. 23. ed. São Paulo: Saraiva, 1996, p. 299.
4. MAXIMILIANO, Carlos. *Hermenêutica e aplicação do direito*. 8. ed. Rio de Janeiro: Freitas Bastos, 1965, p. 307.
5. MELLO, Celso Antônio Bandeira de. *Curso de direito administrativo*. 7. ed. São Paulo: Malheiros, 1995, p. 537-538.

-lhes um caráter de unidade relativa e servindo de fator de agregação num dado feixe de normas"[6].

Eduardo J. Couture assevera que princípio é o "enunciado lógico extraído da ordenação sistemática e coerente de diversas normas de procedimento, de modo a outorgar à solução constante destas o caráter de uma regra de validade geral"[7].

De Plácido e Silva afirma que princípios, no plural, quer:

significar as normas elementares ou os requisitos primordiais instituídos como base, como alicerce de alguma coisa. E, assim, princípios revelam o conjunto de regras ou preceitos, que se fixaram para servir de norma a toda espécie de ação jurídica, traçando, assim, a conduta a ser tida em qualquer operação jurídica[8].

Princípios são proposições que se colocam na base da ciência, informando-a e orientando-a.

Os princípios têm várias funções: informadora, normativa e interpretativa.

A função informadora serve de inspiração ao legislador, dando base à criação de preceitos legais, fundamentando as normas jurídicas e servindo de sustentáculo para o ordenamento jurídico. São descrições informativas que irão inspirar o legislador. Num segundo momento, os princípios informadores servirão também de auxílio ao intérprete da norma jurídica positivada.

Atua a função normativa como fonte supletiva, nas lacunas ou omissões da lei, quando inexistam outras normas jurídicas que possam ser utilizadas pelo intérprete. Irão atuar os princípios em casos concretos em que inexista uma disposição específica para disciplinar determinada situação. Nesse caso, são utilizados como regra de integração da norma jurídica, preenchendo as lacunas existentes no ordenamento jurídico, completando-a, inteirando-a. Seria também uma espécie de função integrativa, como instrumentos de integração das normas jurídicas, como ocorre, por exemplo, nas lacunas.

A interpretação de certa norma jurídica também deve ser feita de acordo com os princípios. Irá a função interpretativa servir de critério orientador para os intérpretes e aplicadores da lei. Será uma forma de auxílio na interpretação da norma jurídica e também em sua exata compreensão. De modo geral, qualquer princípio acaba cumprindo também uma função interpretativa da norma jurídica, podendo servir como fonte subsidiária do intérprete para a solução de um caso concreto.

---

6. CARVALHO, Paulo de Barros. *Curso de direito tributário.* 4. ed. São Paulo: Saraiva, 1991, p. 90.
7. COUTURE, Eduardo J. *Vocabulário jurídico.* Montevidéu, 1960, p. 489.
8. SILVA, De Plácido e. *Vocabulário jurídico.* Rio de Janeiro: Forense, 1990, v. 3 e 4, p. 447.

Têm, ainda, os princípios função construtora. Indicam a construção do ordenamento jurídico, os caminhos que devem ser seguidos pelas normas.

Na verdade, os supostos princípios cooperativos não são exatamente a base, mas regras de costume fixadas para o funcionamento da cooperativa ou orientações que são encontradas em quase todas as legislações sobre cooperativas.

Na criação da cooperativa de Rochdale, foram estabelecidos os seguintes princípios:

- adesão livre ou porta aberta, indicando a plena liberdade de a pessoa entrar e sair da cooperativa voluntariamente;

- gestão democrática. Para cada pessoa, havia o direito a um voto nas deliberações sociais;

- distribuição das sobras líquidas. Sobras são valores que não foram gastos pela cooperativa na sua atividade. Pertencem aos associados, conforme for determinado pela Assembleia;

- retorno proporcional às operações. Havia a distribuição do excedente *pro rata* entre os membros;

- taxa limitada de juros sobre o capital social;

- constituição de um fundo de educação para os cooperados e do público em geral;

- ativa cooperação entre os cooperativistas, tanto no âmbito local, nacional e internacional;

- neutralidade política e religiosa.

Esses princípios foram discutidos e mais bem enunciados.

Em 1937, a Aliança Cooperativa Internacional (ACI) considerou os princípios da cooperativa como: a) adesão livre; b) controle democrático ou gestão democrática; c) retorno *pro rata* das operações; d) juros limitados ao capital; e) neutralidade política, religiosa e racial; f) transações de dinheiro; g) educação dos membros.

Em 1966, em Viena, a ACI reviu os princípios da seguinte forma: a) adesão livre; b) controle ou gestão democrática; c) distribuição das sobras; d) desenvolvimento da cooperativa; e) serviços comuns; f) aos associados, *pro rata* das operações; g) juros limitados ao capital; h) constituição de um fundo para educação; i) cooperação entre as cooperativas, em planos local, regional, nacional e internacional.

A ACI não aceita como filiadas as cooperativas que não apliquem os princípios de Rochdale (art. 8º dos seus Estatutos).

Alguns dos citados princípios foram elencados no art. 4º da Lei n. 5.764/71.

O art. 3º da Lei n. 12.690/2012 estabeleceu os princípios e valores para as cooperativas de trabalho:

- adesão voluntária e livre;
- gestão democrática;
- participação econômica dos membros;
- autonomia e independência;
- educação, formação e informação;
- intercooperação;
- interesse pela comunidade;
- preservação dos direitos sociais, do valor social do trabalho e da livre iniciativa (art. 170 da Constituição);
- não precarização do trabalho e não do emprego. Não objetiva burlar direitos de empregados;
- respeito às decisões da assembleia. As decisões da Assembleia têm de ser cumpridas, pois foram votadas democraticamente pelos cooperados;
- participação na gestão em todos os níveis de decisão de acordo com o previsto em lei e no Estatuto Social.

O princípio da livre adesão ou da adesão voluntária é representado pela seguinte afirmação: toda cooperativa é uma organização voluntária e aberta a todas as pessoas capazes de utilizar seus serviços que estejam dispostas a aceitar as responsabilidades decorrentes da condição de sócio, sem nenhuma discriminação de sexo, raça, política, religião ou condição social. É o princípio da adesão livre, que se desdobra na voluntariedade. Envolve o fato de que a pessoa não pode ser coagida a ingressar na sociedade cooperativa. É livre o ingresso na cooperativa. A pessoa tem a porta aberta. É vedado o ingresso na sociedade em relação às pessoas que não preencham as condições estatutárias. A única restrição que pode ser feita é a qualificação técnica para o exercício profissional. Não seria possível o ingresso de um pedreiro na cooperativa de engenheiros, pois o primeiro não teria qualificação técnica para o exercício da função de engenheiro. Preenchidas as condições estatutárias, poderá a pessoa ingressar na cooperativa. Podem fazer parte das cooperativas pessoas de diferentes classes sociais, etnias, interesses políticos, partidário ou religião. Prevê o art. 29 da Lei n. 5.764/71 que o ingresso nas cooperativas é livre a todos os que desejarem utilizar-se dos serviços prestados pela sociedade.

Indica o inciso XX do art. 5º da Constituição que ninguém poderá ser compelido a associar-se ou permanecer associado. Isso mostra que a Lei Maior recepciona o princípio da livre adesão nas cooperativas.

O princípio da gestão democrática mostra que as cooperativas são organizações gestionadas democraticamente pelos próprios sócios, os quais participam ativamente na fixação de suas políticas e nas tomadas de decisões. Os sócios são eleitos para representar e gestionar a instituição. São responsáveis perante os demais sócios. Cada associado tem direito a um voto, envolvendo, portanto, a gestão democrática da cooperativa. Não importa quantas cotas tenha a pessoa, nem o montante do capital subscrito; terá direito a um voto. As cooperativas serão geridas por seus sócios. Esses participam ativamente no estabelecimento de políticas e na tomada de decisões.

As cooperativas, de um modo geral, são constituídas para prestar serviços aos associados (art. 4º da Lei n. 5.764/71). O cooperado é tanto sócio como destinatário do serviço da cooperativa. É tanto associado, como beneficiário dos serviços. Mostra o art. 7º da Lei n. 5.764/71 que "as cooperativas singulares se caracterizam pela prestação direta de serviços aos associados". É o princípio da dupla qualidade.

Haverá a distribuição do excedente de forma *pro rata* das transações. É o retorno das sobras.

O Congresso de Manchester da Aliança Cooperativa Internacional, de 1995, promovido pela Aliança Cooperativa Internacional, aprovou os princípios cooperativos. Além dos princípios mencionados, existem mais outros.

Têm os sócios participação econômica na cooperativa. Os sócios contribuem equitativamente para a formação do capital da cooperativa e participam, democraticamente, de sua gestão. Subscrevem os sócios o capital. Recebem juros limitados sobre o capital. Destinam as sobras para determinados fins.

Na cooperativa, há autonomia e independência. As cooperativas são organizações autônomas de autoajuda geridas por seus sócios e, nessa condição, mesmo quando firmam acordos com outras organizações, públicas ou particulares, ou quando conseguem capital de fonte externa, fazem-no em termos que lhes assegurem o controle democrático por parte de seus sócios e mantenham suas autonomias cooperativas. A cooperativa é uma organização de ajuda mútua, mas controlada por seus membros. A autonomia deve ser exercida de forma coletiva e coordenada, mediante a fixação, em Assembleia Geral, das regras de funcionamento da cooperativa e da forma de execução dos trabalhos (§ 1º do art. 2º da lei n. 12.690/2012).

Autonomia e independência têm fundamento no inciso XVIII do art. 5º da Constituição, no sentido de que a criação de associações e, na forma da lei, a de cooperativas independem de autorização, sendo vedada a interferência estatal em seu funcionamento.

A cooperação entre as cooperativas evidencia que elas existem para servir a seus sócios da forma mais eficaz possível. A cooperação fortalece o movimento cooperativo ao haver o trabalho conjunto por meio de estruturas locais, nacionais, regionais e internacionais. Nas cooperativas não poderá haver interferência estatal.

Indica o princípio da educação, formação e informação que as cooperativas são instituições que devem proporcionar educação e formação a seus sócios, aos representantes eleitos, a seus diretores e, também, a seus empregados, a fim de que possam contribuir de forma eficaz para o desenvolvimento das cooperativas. Têm as cooperativas a missão de informar ao público em geral, especialmente aos jovens e aos líderes de opinião, a natureza e os benefícios decorrentes das referidas sociedades. A educação, a formação e a informação são, portanto, fundamentais na cooperativa, devendo ser ministradas aos associados, administradores e funcionários. É a forma de contribuir para seu desenvolvimento.

Preocupam-se as cooperativas com a comunidade, mediante o desenvolvimento da própria comunidade, de acordo com as políticas que forem estabelecidas. As cooperativas trabalham para conseguir o desenvolvimento sustentável de suas comunidades mediante políticas aprovadas por seus sócios.

9
CARACTERÍSTICAS

A cooperativa é uma sociedade simples (parágrafo único do art. 982 do Código Civil).

Diferenciam-se as cooperativas das demais sociedades por várias características, que estão descritas no art. 4º da Lei n. 5.764/71.

Na cooperativa há a adesão voluntária (art. 29 da Lei n. 5.764/71), com número ilimitado de associados, salvo impossibilidade técnica de prestação de serviços. O ingresso nas cooperativas é livre a todos os que desejarem utilizar-se dos serviços prestados pela sociedade. A cooperativa não coloca anúncio no jornal procurando cooperados. Estes devem aderir voluntariamente à cooperativa, sem qualquer pressão, por livre e espontânea vontade, e sem serem convocados para esse fim. É o que se denomina *porta aberta*.

A entrada de outras pessoas não acarreta modificação no ato constitutivo, o que não ocorre em outros tipos de sociedades, principalmente nas comerciais.

As pessoas podem livremente criar as cooperativas (art. 29 da Lei n. 5.764/71).

Outra particularidade é a variabilidade do capital social representado por cotas-partes. O capital fica adaptado às entradas e saídas das pessoas da cooperativa. Entretanto, o capital é inacessível a estranhos à sociedade. Permite o inciso I do art. 1.094 do Código Civil até a dispensa do capital.

São formadas as cooperativas por número variável de pessoas.

No contrato de constituição de cooperativa há um ajuste plurilateral.

Há a limitação do número de cotas-partes do capital para cada associado, facultado, porém, o estabelecimento de critérios de proporcionalidade, se assim for mais adequado para o cumprimento dos objetivos sociais. Dispõe o art. 24 da Lei n. 5.764/71 a fixação do valor e subscrição das cotas-partes, determinando que o valor unitário não pode ultrapassar o atribuído ao salário mínimo. Nenhum associado pode subscrever mais do que um terço do total das cotas-partes. É vedado às cooperativas distribuírem qualquer espécie de benefício, vantagem ou privilégio, financeiro ou não, em favor de qualquer associado ou terceiro, excetuados os juros, em um máximo de 12% ao ano, que incidirão sobre a parte integralizada. Isso mostra que a cooperativa não tem objetivo de lucro.

A quarta característica é a singularidade de voto. É a ideia americana de *one man, one vote*: para cada homem, deve haver apenas um único voto, ou dos mosqueteiros, de um por todos e todos por um. Podem as cooperativas centrais, federações e confederações de cooperativas, com exceção das que exerçam atividade de crédito, optar pelo critério da proporcionalidade.

A cooperativa não pode ser controlada por algumas pessoas. Deveria haver rodízio no exercício dos cargos de direção, justamente para demonstrar a democracia e a transparência da cooperativa. Não pode a cooperativa ser autoritária e arbitrária, pois o sistema é pautado pela democracia. As decisões são tomadas na Assembleia Geral, na qual todos os associados podem participar com direito apenas a um voto.

É impossível a cessão das cotas-partes do capital a terceiros, estranhos à sociedade. Somente as pessoas que preencherem as exigências para admissão nas cooperativas é que poderão subscrever cotas-partes. Mesmo por herança não será possível a transferência de cotas (art. 1.094, IV, do Código Civil), pois os herdeiros não terão a condição de cooperados. A cessão de cotas só se justifica em sociedade de natureza mercantil.

O quórum para o funcionamento e a deliberação da Assembleia Geral é baseado no número de associados, e não no capital. Decorre tal disposição do critério democrático, prevalecendo a igualdade de participação das pessoas nos destinos da cooperativa. Depende o quórum para funcionamento da assembleia do número de associados da cooperativa (art. 40 da Lei n. 5.764/71). O quórum para deliberação na assembleia toma por base o número de associados presentes (§ 3º do art. 38 da Lei n. 5.764/71).

O retorno das sobras líquidas do exercício, proporcionalmente às operações realizadas pelo associado, salvo deliberação em contrário da Assembleia Geral, é outra particularidade da cooperativa. Isso implica dizer, também, que o cooperado assume riscos de sua atividade. A Assembleia Geral poderá, porém, destinar as sobras para outras finalidades sociais, como reinvestimento na própria cooperativa. As despesas das cooperativas são custeadas por seus associados. A Assembleia Geral poderá destinar as sobras líquidas para o capital ou para fundos determinados.

A indivisibilidade dos fundos de reserva e de assistência técnica, educacional e social justifica-se em razão da finalidade social da cooperativa. Os fundos não serão divididos entre os associados, nem mesmo em caso de dissolução da sociedade (art. 1.094, VIII, do Código Civil).

Deve a cooperativa estar pautada na neutralidade política e na não discriminação religiosa, racial e social. A cooperativa não poderá ter fins de partido político. O *caput* do art. 5º da Constituição já prevê que todos devem ter o mesmo tratamento. Os cooperados são iguais entre si. Não há distinção entre eles.

É prestada assistência aos associados, e, quando prevista nos estatutos, aos empregados da cooperativa. A cooperativa tem por objetivo a melhoria das condições de vida dos associados.

A admissão de associados fica limitada às possibilidades de reunião, controle, operações e prestação de serviços.

O cooperado irá subscrever o capital. Há interesse do cooperado em ser sócio da sociedade. Indica a *affectio societatis* a iniciativa comum em ser sócio, a vontade de associar-se à cooperativa. Isso não ocorre no contrato de trabalho, em que o empregado não tem interesse em ser sócio do empregador. A empresa não pode impor aos funcionários que criem cooperativa, nem pode impor a indicação de uma empresa especializada em montar cooperativas.

O contrato de sociedade cooperativa é considerado celebrado entre pessoas que reciprocamente se obrigam a contribuir com bens ou serviços para o exercício de uma atividade econômica, de proveito comum, sem objetivo de lucro (art. 3º da Lei n. 5.764/71).

O objetivo da cooperativa é o exercício de uma atividade econômica, sem natureza lucrativa.

Prevê o inciso I do art. 80 da Lei n. 5.764/71 o rateio das sobras líquidas ou dos prejuízos verificados no balanço do exercício entre os associados, excluídas as despesas gerais. Não se confundem as sobras com as despesas. As sobras vão existir depois de deduzidas as despesas. Podem as sobras ser reinvestidas na própria sociedade.

Nas cooperativas, há autogestão. Os próprios cooperados irão gerir a cooperativa ou irão eleger, entre os associados, uma pessoa com essa finalidade, que é o diretor.

São as sociedades cooperativas sociedades de pessoas, com forma própria e natureza civil. Possuem capital variável.

As cooperativas, de um modo geral, tanto podem ser formadas por pessoas físicas, como por pessoas jurídicas.

A relação entre o cooperado e a cooperativa é de associação.

Tem direito o cooperado a participar de assembleias gerais, em que serão estabelecidos os objetivos das cooperativas.

Têm os cooperados autonomia no desenvolvimento das atividades da cooperativa, e não subordinação.

A cooperativa tem característica instrumental, pois possibilita ao sócio um instrumento para atuar numa atividade econômica.

A Lei Geral das Sociedades Cooperativas da Argentina, n. 20.337, conceitua o ato cooperativo como o "realizado entre as cooperativas e seus associados e por aquelas entre si no cumprimento do objeto social e consecução dos fins institucionais da sociedade", bem como "todos aqueles que as cooperativas, com idênticas finalidades, realizam com outras pessoas" (art. 4º).

Ato cooperativo não se confunde com ato comercial.

Atos cooperativos são os praticados entre as cooperativas e seus associados, entre estes e aquelas e pelas cooperativas entre si quando associados, para a consecução dos objetivos sociais (art. 79 da Lei n. 5.764/71). O ato cooperativo não implica operação de mercado, nem contrato de venda e compra de produto ou mercadoria (parágrafo único do art. 79 da Lei n. 5.764/71). Exemplos de atos cooperativos seriam a prestação de serviços aos associados, a busca de trabalho para os associados, o gerenciamento e a administração dos serviços, a distribuição das sobras.

O ato cooperativo pode ser dividido em ato-fim e ato-meio. Ato-fim ou ato principal diz respeito às atividades principais da cooperativa.

O ato-meio envolve situações entre a cooperativa e o mercado, mas podem não ser essenciais da cooperativa. Pode ser dividido em: a) ato auxiliar, como na compra de bens, equipamentos para o desenvolvimento das atividades da cooperativa; b) ato acessório, negócio acessório ou negócios secundários, quando a cooperativa compra os mesmos bens, porém para seu uso interno, quando vende bens imprestáveis do estabelecimento.

Leciona Walmor Franke que:

> o negócio interno ou negócio-fim está vinculado a um negócio externo, negócio de mercado ou negócio meio. Este último condiciona a plena satisfação do primeiro, quando não a própria possibilidade de sua existência (como, por exemplo, nas cooperativas de consumo, em que o negócio-fim, ou seja, o fornecimento de artigos domésticos aos associados, não é possível sem que antes esses artigos tenham sido comprados no mercado)[1].

Ato cooperativo não é serviço. Implica a relação entre a cooperativa e o cooperado. É o mesmo que ocorre na relação entre o sócio e a sociedade.

O ato não cooperativo é o realizado pela cooperativa com não associados. É o que ocorre, por exemplo, quando a cooperativa de médicos contrata médicos não cooperados para a prestação de serviços, a venda de produção agrícola de não cooperado, em razão da necessidade de atender ao cliente.

---

1. FRANKE, Walmor. *Direito das sociedades cooperativas*. São Paulo: Saraiva, 1973, p. 26.

O cooperado não tem vínculo empregatício com a cooperativa (art. 90 da Lei n. 5.764/71 e parágrafo único do art. 442 da CLT). É autônomo o cooperado. Determina o inciso IV do § 15 do art. 9º do Regulamento da Previdência Social, estabelecido pelo Decreto n. 3.048/99, que o trabalhador associado à cooperativa que, nessa qualidade, presta serviços a terceiros é segurado contribuinte individual, o que na prática significa que é trabalhador autônomo.

As cooperativas poderão fornecer bens e serviços a não associados, desde que tal faculdade atenda aos objetivos sociais e esteja de conformidade com a lei (art. 86 da Lei n. 5.764/71).

Não se confunde o contrato de trabalho com o ato cooperativo. O contrato de trabalho é o negócio jurídico entre empregado e empregador a respeito de condições de trabalho. A questão fundamental na sociedade cooperativa é a ajuda mútua.

A remuneração do cooperado é proporcional às atividades por ele realizadas para a conclusão de determinado trabalho (art. 4º, VII, da Lei n. 5.764/71). As sobras divididas não são pagas em valores fixos, mas variáveis. O empregado recebe geralmente pagamento mensal fixo pelo trabalho realizado, que é o salário.

Pode a cooperativa ser uma forma de terceirização, quando a empresa necessita de serviços ou bens que são produzidos por terceiros.

Estabelece o art. 4º da Lei n. 5.764/71 que a finalidade da cooperativa é a prestação de serviços a seus associados. Os serviços devem ser especializados. Nem sempre, contudo, será possível distinguir a atividade-fim da atividade-meio. O ideal, portanto, é que o associado não poderá prestá-los de maneira individualizada, pessoalmente, pois poderá ficar evidenciada a pessoalidade, caracterizando o vínculo de emprego, se estiverem presentes os demais requisitos do art. 3º da CLT.

Nada impede, a meu ver, a delegação para a cooperativa da atividade-fim da empresa, pois não existe proibição de terceirização na atividade-fim do empreendimento. O inciso II do art. 5º da Constituição estabelece que ninguém é obrigado a fazer ou deixar de fazer algo a não ser em virtude de lei. Não existe lei proibindo a terceirização na atividade-fim da empresa. Aquilo que não é proibido é permitido.

Entendem-se por atividades-fim as que dizem respeito aos objetivos da empresa, incluindo a produção de bens ou serviços, a comercialização etc. São atividades-meio as secundárias, as complementares, as de apoio aos fins da empresa, que não são as principais da empresa, como limpeza, conservação, vigilância etc.

O inciso II do art. 4º e o § 6º do art. 7º da Lei n. 12.690/2012 permitem que as cooperativas atuem nas instalações de terceiros. Não se faz referência expressa a atuar na atividade-fim, mas nada impede isso, pois não há proibição legal nesse sentido.

Indiretamente, o parágrafo único do art. 442 da CLT mostra que é possível fazer a terceirização na atividade-fim, quando usa a expressão qualquer que seja a atividade cooperativa. Isso significa que a terceirização sob a forma de cooperativa pode ser feita na atividade-meio ou na atividade-fim.

Certa empresa falida, que fabricava macarrão, foi reerguida sob a forma de cooperativa. Havia interesse em comum dos cooperados na produção de macarrão, sem a configuração de vínculo de emprego. É a denominada *empresa cooperativa autogestionária*. Foi, portanto, feita terceirização na atividade-fim da empresa, sob a modalidade de cooperativa.

O STF afirmou que:

> É lícita a terceirização ou qualquer outra forma de divisão do trabalho entre pessoas jurídicas distintas, independentemente do objeto social das empresas envolvidas, mantida a responsabilidade subsidiária da empresa contratante[2].

Julgou constitucional o § 1º do art. 25 da Lei n. 8.987/95 (lei de concessões)[3]. Entendeu aplicável o inciso II do art. 94 da Lei n. 9.472/97 (lei de telecomunicações)[4].

A contratação de cooperativa pode ser feita tanto atividade meio, como na atividade fim. Não há vedação em lei nesse sentido. Empresa contratante é a que recebe a prestação de serviços em relação a quaisquer de suas atividades, inclusive na sua atividade principal (art. 5.º-A da Lei n.º 6.019/74). Logo, a cooperativa também pode ser contratada para prestar serviços na atividade principal da empresa contratante.

Não importa, também, se os cooperados prestam serviços dentro da cooperativa para o tomador ou na própria empresa tomadora. Importa a realidade dos fatos para indicar se o prestador é empregado ou sócio da cooperativa.

Ultimamente, o uso de cooperativas também não deixa de ser uma forma de se tentar evitar o desemprego, proporcionando trabalho às pessoas, mas não emprego. É uma forma de permitir a recolocação do profissional. Constata-se que a terceirização, inclusive sob a forma de cooperativa, surge de condições de desemprego, de modo a tornar ocupadas as pessoas e proporcionar-lhes remuneração.

---

2. STF, Pleno, RE 958.252/MG, j. 30-8-2018, Rel. Min. Luiz Fux.
3. Pleno, ADC 26/DF, Rel. Min. Edson Facchin, j. 6-9-2019.
4. STF, Pleno, ARE 791.932/DF, Rel. Min. Alexandre de Moraes, public. 1º-3-2019.

A Constituição brasileira, em vários artigos, privilegia o trabalho e não o emprego. O inciso IV do art. 1º menciona que a República Federativa do Brasil tem como fundamento os valores sociais do trabalho. O art. 6º determina que um dos direitos sociais é o trabalho. O inciso XX do art. 7º faz referência ao mercado de trabalho da mulher. O inciso XXIX do mesmo artigo versa sobre prescrição de créditos resultantes da relação de trabalho. O art. 114 trata da competência da Justiça do Trabalho também quanto a relações de trabalho previstas em lei. O art. 170 dispõe que a ordem econômica é fundada na valorização do trabalho humano. O art. 193 prescreve que a ordem social tem por base o primado do trabalho.

Isso não quer dizer que a Constituição está antecipando o fim dos empregos, passando a fazer referência ao trabalho, pois o inciso VIII do art. 170 da Constituição dispõe a respeito da busca do pleno emprego na ordem econômica. O inciso I do art. 7º faz referência à proteção da relação de emprego.

Qualquer atividade pode ser realizada por meio de cooperativa, até mesmo de profissionais liberais, como de médicos, dentistas, engenheiros etc.

O Provimento n. 23 do Conselho Federal da OAB, de 23 de novembro de 1995, veda a constituição de cooperativas de trabalho de advogados. O Tribunal de Ética da OAB pugna pela proibição da formação de cooperativas de advogados, tendo por base os arts. 15 e 17 da Lei n. 8.906/94. O art. 15 só permite a sociedade de advogados, de natureza civil, na forma determinada na Lei n. 8.906/94 e no Regulamento Geral. Não é possível, portanto, a formação de sociedade de advogados estabelecida de acordo com outro tipo de lei, como a Lei n. 5.764/71, mas apenas com base na Lei n. 8.906/94. O inciso II do art. 34 da Lei n. 8.906/94 afirma que constitui infração disciplinar manter sociedade profissional fora das normas e dos preceitos estabelecidos na Lei n. 8.906/94. O fundamento é o fato de que as cooperativas despersonalizam o trabalho do advogado, colocando o lucro diante da atividade profissional. Haveria uma forma eminentemente mercantil, em descumprimento das normas legais e éticas da organização da profissão[5]. Dessa forma, não podem ser formadas cooperativas de advogados.

Não se poderá utilizar da cooperativa para substituir a mão de obra permanente ou interna da empresa, pois seu objetivo é ajudar seus associados. A cooperativa não poderá ser, portanto, intermediadora de mão de obra subordinada (art. 5º da Lei n. 12.690/2012), no sentido do *marchandage* ou do *leasing* de mão de obra, indicador da exploração do trabalho alheio. O objetivo da cooperativa não é explorar o trabalho do cooperado, nem de o tomador obter mão de obra barata, mas proporcionar trabalho ao cooperado, mediante um esforço em conjunto.

---

5. Precedentes Procs. E-1.336, E-1.267 e E-981 do Tribunal de Ética e Disciplina da OAB/SP. Ementa publicada no *Boletim da Associação dos Advogados de São Paulo*, 11 a 17 set. 1996, n. 1968, p. 4.

O empregador não poderá dispensar seus empregados para posteriormente recontratá-los sob a forma de cooperativa, se persistir o elemento subordinação e os demais pertinentes à relação de emprego.

O objetivo da cooperativa é o resultado do trabalho, não importando quem efetivamente presta o serviço ou de que maneira este é feito.

As sociedades cooperativas serão de responsabilidade limitada, quanto à responsabilidade do associado pelos compromissos da sociedade se limitar ao valor do capital por ele subscrito. Esclarece o § 1º do art. 1.095 do Código Civil que é limitada a responsabilidade na cooperativa em que o sócio responde somente pelo valor de suas cotas e pelo prejuízo verificado nas operações sociais, guardada a proporção de sua participação nas referidas operações.

Haverá responsabilidade ilimitada, quando a responsabilidade do associado pelos compromissos da sociedade for pessoal, solidária e ilimitada pelas obrigações sociais (§ 2º do art. 1.095 do Código Civil).

A responsabilidade do associado para com terceiros, como membro da sociedade, somente poderá ser invocada depois de judicialmente exigida da cooperativa.

O art. 4º da Lei n. 5.764/71 dispõe que a cooperativa não está sujeita à falência, mas à liquidação extrajudicial, nos termos do art. 75 da mesma norma.

As cooperativas igualam-se às demais empresas em relação a seus empregados quanto aos direitos trabalhistas e previdenciários (art. 91 da Lei n. 5.764/71).

A cooperativa tem fundamento na solidariedade entre as pessoas para a produção de um bem ou serviço para o mercado. Há uma comunhão de interesses. A reunião de esforços de todos os associados possibilita alcançar o fim comum almejado, que é o objeto da cooperativa. A ajuda mútua das pessoas leva ao fim por elas desejado. A solidariedade entre as pessoas na cooperativa não deixa de ser uma forma da aplicação de um dos objetivos da República Federativa do Brasil, que é construir uma sociedade livre, justa e solidária (art. 3º, I, da Constituição).

Deve ser desenvolvida a educação, de forma que seja permitido que a pessoa adquira os conhecimentos indispensáveis para a prática do cooperativismo.

São direitos dos cooperados:

- participar e votar nas assembleias;
- subscrever as cotas, quando houver capital;
- zelar pelo patrimônio da cooperativa;
- participar das sobras líquidas;

- desligar-se da cooperativa, quando entender necessário.
- São deveres dos cooperados:
- observar os estatutos e as normas internas da cooperativa;
- integralizar o capital, quando existente;
- cobrir os prejuízos existentes na sociedade.

O símbolo das cooperativas é de dois pinheiros juntos dentro de um círculo. O pinheiro indica a imortalidade. Mostra que um dos objetivos da cooperativa é crescer, pois o pinheiro se projeta para o alto.

Dois pinheiros representam a união e a coesão, procurando ascender. O círculo indica o eterno, sem começo ou fim. O verde escuro do pinheiro é a esperança. O amarelo-ouro é o sol, evidenciando a fonte de toda a vida.

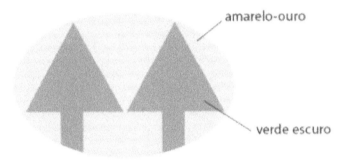

10
CONSTITUIÇÃO DAS SOCIEDADES COOPERATIVAS

Prevê o inciso XVIII do art. 5º da constituição que a criação de associações e, na forma da lei, a de cooperativas independem de autorização, sendo vedada a interferência estatal em seu funcionamento. A autorização a que se refere a Constituição é a do Estado.

A sociedade cooperativa constitui-se por deliberação da Assembleia Geral dos fundadores, constantes da respectiva ata ou por instrumento público (art. 14 da Lei n. 5.764/71).

Para a validade da constituição das cooperativas, é preciso observar as determinações do art. 15 da Lei n. 5.764/71. O ato constitutivo deverá declarar:

- denominação da entidade, sede e objeto de funcionamento;
- nome, nacionalidade, idade, estado civil, profissão e residência dos associados fundadores que o assinaram, bem como o valor e número da cota-parte de cada um;
- aprovação do estatuto da sociedade;
- nome, nacionalidade, estado civil, profissão e residência dos associados eleitos para os órgãos de administração, fiscalização e outros.

O ato constitutivo da sociedade e os estatutos, quando não transcritos naquele, serão assinados pelos fundadores.

O estatuto da cooperativa deverá indicar:

- denominação, sede, prazo de duração, área de ação, objeto da sociedade, fixação do exercício social e da data do levantamento do balanço geral;
- direitos e deveres dos associados, natureza de suas responsabilidades e as condições de admissão, demissão, eliminação e exclusão e as normas para sua representação nas assembleias gerais;
- o capital mínimo, o valor da cota-parte, o mínimo de cotas-partes a ser subscrito pelo associado, o modo de integralização das cotas-partes, bem como as condições de sua retirada nos casos de demissão, eliminação ou

de exclusão do associado. Fazem referência os incisos I e VI do art. 1.094 do Código Civil ao fato de que a cooperativa pode ou não ter capital ou ser dispensada do capital social;

- a forma da devolução das sobras registradas aos associados, ou do rateio das perdas apuradas por insuficiência de contribuição para cobertura das despesas da sociedade;

- o modo de administração e fiscalização, estabelecendo os respectivos órgãos, com definição de suas atribuições, poderes e funcionamento, a representação ativa e passiva da sociedade em juízo ou fora dele, o prazo do mandato, bem como o processo de substituição dos administradores e conselheiros fiscais;

- as formalidades de convocação das assembleias gerais e a maioria requerida para sua instalação e validade de suas deliberações, vedado o direito de voto aos que nelas tiverem interesse particular, sem privá-los da participação nos debates;

- os casos de dissolução voluntária da sociedade;

- o modo e o processo de alienação ou oneração de bens imóveis da sociedade;

- o modo de reformar o estatuto;

- o número mínimo de associados.

A Cooperativa de Trabalho poderá ser constituída com número mínimo de sete sócios (art. 6º da Lei n. 12.690/2012). Não pode ser constituída com menos de sete sócios.

Estabelece o art. 5º da Lei n. 5.764/71 que as cooperativas poderão adotar por objeto qualquer gênero de serviço, operação ou atividade, assegurando-lhes o direito exclusivo e exigindo-lhes a obrigação do uso da palavra *cooperativa* em sua denominação. Tal dispositivo abrange qualquer tipo de cooperativa, como a de serviços, de crédito de produção etc., e não somente as cooperativas de trabalho.

A Cooperativa de Trabalho poderá adotar por objeto social qualquer gênero de serviço, operação ou atividade, desde que previsto no seu Estatuto Social (art. 10 da Lei n. 12.690/2012). Há necessidade de que o ramo de atividade, operação ou serviço seja previsto no estatuto da cooperativa. Entendo que é possível a contratação de cooperativas na atividade-fim das empresas, pois não há proibição nesse sentido na lei. Entretanto, o inciso III da Súmula 331 do TST só permite a terceirização na atividade-meio da empresa. É obrigatório o uso da expressão "Cooperativa de Trabalho" na denominação social da cooperativa (§ 1º). A admissão de sócios na cooperativa estará limitada consoante as possibilidades de reunião, abrangência das operações, controle e prestação de serviços e congruente com o objeto estatuído (§ 3º). Para o cumprimento dos seus objetivos sociais, o sócio poderá exercer qualquer atividade da cooperativa, conforme deliberado em Assembleia Geral (§ 4º).

A cooperativa tem por função proporcionar trabalho às pessoas interessadas.

A pessoa isoladamente não tem condições de discutir condições com o mercado. Agrupadas as pessoas, podem colocar produtos no mercado com melhores preços, assim como prestar serviços.

O estatuto da cooperativa é registrado no Cartório de Títulos e Documentos.

Dispõe o art. 1.093 do Código Civil que a sociedade cooperativa rege-se pelo disposto no capítulo respectivo do Código Civil, ressalvada a legislação especial. No que a lei for omissa, aplicam-se as disposições referentes à sociedade simples (art. 1.096 do Código Civil). A cooperativa é uma sociedade simples (parágrafo único do art. 982 do Código Civil).

Esclarece o art. 998 do Código Civil que as sociedades simples devem inscrever o contrato social no Registro Civil das Pessoas Jurídicas do local de sua sede. A sociedade cooperativa é uma sociedade simples. Logo, deveria fazer o registro no Cartório de Registro de Pessoas Jurídicas.

Há, porém, necessidade de melhor interpretação sobre o tema.

Adverte Carlos Maximiliano que:

> é dever do aplicador comparar e procurar conciliar as disposições várias sobre o mesmo objeto, e do conjunto, assim harmonizado, deduzir o sentido e alcance de cada uma. Só em caso de resistirem as incompatibilidades, vitoriosamente, a todo esforço de aproximação, é que se opina em sentido eliminatório da regra mais antiga, ou de parte da mesma, pois ainda será possível concluir pela existência da antinomia irredutível, porém parcial, de modo que afete apenas a perpetuidade de uma fração do dispositivo anterior, contrariada, de frente, pelo posterior[1].

A lei a que se refere o art. 1.096 do Código Civil parece ser a lei especial, que é a Lei n. 5.764/71, do contrário teria sido feita menção "a este Código". O art. 1.089 do Código Civil é claro no sentido a falar em "disposições deste Código". Assim, se a Lei n. 5.764/71 for omissa, aplicam-se as disposições referentes à sociedade simples. Entretanto, como os parágrafos do art. 18 da Lei n. 5.764/71 fazem referência ao fato de que o registro da cooperativa é feito na Junta Comercial, é neste órgão que será feito o registro. Os arts. 1.093 a 1.096 não estabelecem, ainda, onde a sociedade cooperativa deve ser registrada. Assim, aplica-se a lei especial (Lei n. 5.764/71).

---

1. MAXIMILIANO, Carlos. *Hermenêutica e aplicação do direito*. Rio de Janeiro: Forense, 1979, p. 356.

Ressalte-se que a lei nova, que estabelece disposições gerais ou especiais a par das já existentes, não revoga nem modifica a lei anterior (§ 2º do art. 2º da Lei de Introdução). O que o Código Civil faz em relação a cooperativas é estabelecer disposições gerais, não revogando, portanto, os parágrafos do art. 18 da Lei n. 5.764/71.

O inciso II do art. 1.094 do Código Civil exige um número mínimo de sócios para compor a administração da sociedade, sem limitação de número máximo. Isso significa que tal dispositivo revogou o art. 6º da Lei n. 5.764/71, que exigia um número mínimo de 20 sócios.

São obrigadas as cooperativas, para seu funcionamento, a registrar-se na Organização das Cooperativas Brasileiras ou na entidade estadual, se houver, mediante apresentação dos estatutos sociais e suas alterações posteriores (art. 107 da Lei n. 5.764/71). Deverão ser cadastradas na Fetrabalho.

A cooperativa deverá ser inscrita no Cadastro Nacional das Pessoas Jurídicas (CNPJ) e ser registrada na Prefeitura do Município, no Cadastro de Contribuintes Municipais (CCM).

Não é recomendável que a cooperativa comece a funcionar antes de ter todos os registros e documentos necessários aprovados pelos órgãos competentes. As cooperativas são obrigadas a constituir:

- fundo de reserva, destinado a reparar prejuízos causados pelos cooperados ou por ações da própria cooperativa e atender ao desenvolvimento de suas atividades. Pode ser usado para pagamento de indenizações trabalhistas ou decisões judiciais. É constituído de pelo menos 10% das sobras líquidas do exercício;

- fundo de assistência técnica, educacional e social (Fates), destinado à prestação de assistência aos associados, seus familiares e, quando previsto nos estatutos, aos empregados da cooperativa. É constituído de pelo menos 5% das sobras líquidas apuradas no exercício. Pode ser usado para ministrar cursos, de modo a manter o trabalhador atualizado quanto a conhecimentos e novas tecnologias.

O cooperado deve possuir capacidade plena, sob o ponto de vista civil, que é ter 18 anos.

Para ser admitida na cooperativa, a pessoa deveria fazer um curso sobre o sistema, de forma a entender o que é a cooperativa. Posteriormente, deveria responder a testes de conhecimento, para saber se aprendeu o que é o regime da cooperativa, principalmente as regras sobre seu estatuto, o sistema operacional, a forma de trabalho, de remuneração e a periodicidade. O ideal é que seu aproveitamento seja de, no mínimo, 50 a 70% das respostas corretas. Depois, irá apresentar a carta de adesão à cooperativa para efeito de ser admitido nela. É melhor que essa carta seja feita de próprio punho pelo trabalhador para mostrar que ele tem interesse em ser admitido na sociedade, sem qualquer espécie de pressão, espontaneamente. Em seguida, ao ser admitido, deve firmar termo de ciência estatutária e de disponibilidade, de próprio punho.

As cooperativas devem ser criadas de forma espontânea pelos interessados.

O cooperado irá subscrever uma ou algumas cotas do capital, se ele existir. Não poderá, porém, subscrever mais do que um terço das cotas-partes, salvo nas sociedades em que a subscrição deva ser diretamente proporcional ao movimento financeiro do cooperado ou ao quantitativo dos produtos a serem comercializados, beneficiados ou transformados, ou, ainda, em relação à área cultivada ou ao número de plantas e animais em exploração (§ 1º do art. 24 da Lei n. 5.764/71). O pagamento da cota pode ser a vista ou a prazo.

Em muitos casos, as cooperativas usam um termo de responsabilidade e de aceitação do serviço que está-lhes sendo proporcionado, na forma estabelecida, o período de trabalho, o local e o prazo. O cooperado será livre para aceitar ou não o serviço.

O cooperado deve participar das assembleias da sociedade, visando a que exerça seu direito democrático de participação na sociedade e de voto, decidindo sobre os rumos que a sociedade irá tomar.

O sócio cooperado que quiser retirar-se da sociedade deve fazê-lo por escrito, de preferência de forma manuscrita, para evitar que se diga que foi pressionado nesse sentido.

Na contratação de cooperativa, devem ser ponderados riscos. Não importa apenas o aspecto custo, mas também outros fatores, como qualidade, produtividade, agilidade etc.

A contratação deve ser feita tendo por objetivo requisitos técnicos, e não exatamente as pessoas físicas envolvidas.

Contratação malfeita de cooperativa fraudulenta pode levar a empresa a amanhã ter problemas trabalhistas, de fiscalização trabalhista etc.

É preciso, portanto, escolher corretamente o parceiro que a empresa pretende ter.

11
FUNCIONAMENTO DAS COOPERATIVAS DE TRABALHO

Além da realização da Assembleia Geral Ordinária e Extraordinária para deliberar nos termos dos e sobre os assuntos previstos na Lei n. 5.764, de 16 de dezembro de 1971, e no Estatuto Social, a Cooperativa de Trabalho deverá realizar anualmente, no mínimo, mais uma Assembleia Geral Especial para deliberar, entre outros assuntos especificados no edital de convocação, sobre a gestão da cooperativa, disciplina, direitos e deveres dos sócios, planejamento e resultado econômico dos projetos e contratos firmados e organização do trabalho (art. 11 da Lei n. 12.690/2012).

O destino das sobras líquidas ou o rateio dos prejuízos será decidido em Assembleia Geral Ordinária (§ 1º do art. 11 da Lei n. 12.690/2012). A matéria não fica, portanto, para a Assembleia Geral Especial.

As Cooperativas de Trabalho deverão estabelecer, em Estatuto Social ou Regimento Interno, incentivos à participação efetiva dos sócios na Assembleia Geral e eventuais sanções em caso de ausências injustificadas (§ 2º do art. 11 da Lei n. 12.690/2012). Muitas vezes os sócios da cooperativa não vêm à Assembleia por estarem trabalhando, o que constitui ausência justificada. Nesse caso, não poderão ser estabelecidas sanções pela ausência do sócio.

O cooperado tem de justificar sua ausência na assembleia. Isso implica dizer que é possível aplicar advertência, suspensão, eliminação em razão das faltas, desde que haja previsão no Estatuto ou Regimento Interno.

O *quorum* mínimo de instalação das Assembleias Gerais será de:

- 2/3 do número de sócios, em primeira convocação;

- metade mais um dos sócios, em segunda convocação;

- 50 sócios ou, no mínimo, 20% do total de sócios, prevalecendo o menor número, em terceira convocação, exigida a presença de, no mínimo, quatro sócios para as cooperativas que possuam até 19 sócios matriculados (§ 3º do art. 11 da Lei n. 12.690/2012). A exigência de 20% do total dos sócios, dependendo do caso, poderá implicar a reunião de muitas pessoas, tornando inviável o local das Assembleias. Assim, a regra contida no item III é alternativa ou 50 sócios ou, no mínimo, 20% do total de sócios, prevalecendo o menor número, em terceira convocação. Quatro sócios representam 21,05% de 19 sócios.

A não observância do *quorum* mínimo estabelecido acima implicará nulidade da Assembleia e das suas deliberações.

As decisões das assembleias serão consideradas válidas quando contarem com a aprovação da maioria absoluta dos sócios presentes (§ 4º do art. 11 da Lei n. 12.690/2012).

Comprovada fraude ou vício nas decisões das assembleias, serão elas nulas de pleno direito, aplicando-se, conforme o caso, a legislação civil e penal (§ 5º do art. 11 da Lei n. 12.690/2012).

A Assembleia Geral Especial deverá ser realizada no segundo semestre do ano (§ 6º do art. 11 da Lei n. 12.690/2012).

A notificação dos sócios para participação das assembleias será pessoal e ocorrerá com antecedência mínima de dez dias de sua realização (art. 12 da Lei n. 12.690/2012).

Na impossibilidade de notificação pessoal, a notificação dar-se-á por via postal, respeitada a antecedência de dez dias da realização da assembleia.

Não sendo possível a realização das notificações pessoal e postal, os sócios serão notificados mediante edital afixado na sede e em outros locais previstos nos estatutos e publicado em jornal de grande circulação na região da sede da cooperativa ou na região onde ela exerça suas atividades, respeitada a antecedência de dez dias da realização da assembleia.

É vedado à Cooperativa de Trabalho distribuir verbas de qualquer natureza entre os sócios, exceto a retirada devida em razão do exercício de sua atividade como sócio ou retribuição por conta de reembolso de despesas comprovadamente realizadas em proveito da Cooperativa (art. 13 da Lei n. 12.690/2012).

A Cooperativa de Trabalho deverá deliberar, anualmente, na Assembleia Geral Ordinária, sobre a adoção ou não de diferentes faixas de retirada dos sócios (art. 14 da Lei n. 12.690/2012). No caso de fixação de faixas de retirada, a diferença entre as de maior e as de menor valor deverá ser fixada na Assembleia.

O Conselho de Administração será composto por, no mínimo, três sócios, eleitos pela Assembleia Geral, para um prazo de gestão não superior a quatro anos, sendo obrigatória a renovação de, no mínimo, 1/3 do colegiado, ressalvada a hipótese do art. 16 da Lei n. 12.690/2012. O art. 15 da Lei n. 12.690/2012 é uma forma de não perpetuação de dirigentes nas cooperativas. Mostra também democracia nessa renovação. Evita que apareçam os proprietários das cooperativas.

A Cooperativa de Trabalho constituída por até 19 sócios poderá estabelecer, em Estatuto Social, composição para o Conselho de Administração e para o Conselho Fiscal distinta da prevista na Lei n. 12.690/2012 e no art. 56 da Lei n. 5.764, de 16 de dezembro de 1971, assegurados, no mínimo, três conselheiros fiscais (art. 16 da Lei n. 12.690/2012).

Dispõe o art. 27 da Lei n. 12.690/2012 que a Cooperativa de Trabalho constituída antes da vigência da referida norma terá prazo de 12 meses, contado de sua publicação, para adequar seus estatutos às disposições nela previstas.

12
VANTAGENS E DESVANTAGENS DAS COOPERATIVAS

As principais vantagens do estabelecimento da cooperativa são:

- surgem postos de trabalho, diminuindo o desemprego;
- pode melhorar a renda dos associados. Eles podem ter uma remuneração maior do que a de empregado, além do que têm autonomia na prestação de serviços, sem estar sujeitos a horários, reuniões, controles etc.;
- distribuir renda;
- o trabalhador não é subordinado, não tem horário de trabalho; é autônomo. Participa de uma estrutura organizacional horizontal e não piramidal;
- o cooperado é segurado da Previdência Social na condição de autônomo e tem direito à aposentadoria;
- possibilita que o trabalhador vire um verdadeiro empresário e tenha seu negócio próprio, podendo tomar decisões. Envolve ao mesmo tempo ser empresário e trabalhador;
- há um prestígio da democracia, pois o trabalhador adere voluntariamente à cooperativa. Há, também, gestão democrática;
- o resultado do trabalho dos cooperados é dividido entre eles mesmos;
- o trabalho sobrepõe-se como elemento principal em relação ao capital;
- respeita os esforços de cada pessoa;
- estabelece igualdade entre desiguais;
- compras em comum;
- ampliação do mercado;
- a cooperativa proporciona a ocupação do tempo livre;
- elimina o intermediário.

Para a empresa, a contratação da cooperativa diminui os custos trabalhistas, principalmente as contribuições sociais:

	Empresa	Cooperativa	Diferença
INSS	20,0	15,0	5,0
Sal. Educ.	2,5	–	2,5
Incra	0,2	–	0,2
Sesi/Sesc	1,5	–	–
Senai/Senac	1,0	–	–
Sescoop		2,5	–
Ac. do trab.	2,0 (média)	–	2,0
Sebrae	0,6	–	0,6
FGTS	8,0	–	8,0
	35,8	17,5	18,3

A tabela mostra que a diferença entre a contratação de uma pessoa para ser empregado e por meio de cooperativa é de 18,3%.

Indica a tabela que a lei está apoiando e estimulando o cooperativismo (§ 2º do art. 174 da Constituição), ao estabelecer alíquotas diferenciadas da contribuição previdenciária para as cooperativas.

O cooperado pagará a alíquota de 20% sobre sua remuneração, limitado ao teto de R$ 7.786,02.

Entre a empresa e a cooperativa pode-se estabelecer uma parceria, em razão da continuidade na prestação dos serviços por meio da primeira.

São vantagens sociais: abolição do trabalho assalariado, justa divisão de rendimentos, participação dos trabalhadores na gestão, desaparecimento de luta de classes.

Sob o ponto de vista econômico, a utilização das cooperativas implica o desaparecimento do conflito entre o capital e o trabalho, abolição do lucro, operação em maior escala, redução de custos, conquista de novos mercados, diversificação, distribuição de sobras, venda a justo preço, democracia econômica.

São desvantagens do sistema:

- perda da carteira assinada e dos direitos de empregado;

- podem existir fraudes que visam prejudicar os direitos dos trabalhadores;

- muitas vezes, o trabalhador entra na cooperativa pensando que terá os mesmos direitos que um empregado.

Muitas cooperativas têm sido fontes de arregimentação de mão de obra. O intermediário ou o *gato* apenas passa a funcionar sob a forma de cooperativa fraudulenta, explorando a mão de obra, especialmente os trabalhadores mais humildes, menores e analfabetos. Seu objetivo é apenas o lucro nessa intermediação. Em muitos casos, o *gato* passou a ser o presidente da cooperativa. O presidente da cooperativa é como se fosse o dono da empresa.

Os sindicatos entendem que a cooperativa é uma forma da perda da unidade da categoria, além de diminuir a receita da entidade sindical.

As empresas enxergam muitas vezes as cooperativas como uma concorrente desleal, que não tem empregados e possui custos sociais muito menores, tendo um preço do serviço ou do produto inferior ao normal.

13
ORGANIZAÇÃO INTERNACIONAL DO TRABALHO

A Recomendação n. 127 da OIT, de 21 de junho de 1966, trata do papel das cooperativas no progresso econômico e social dos países em vias de desenvolvimento. Foi adotada na 50ª reunião da Conferência Internacional do Trabalho.

A norma internacional estabelece que seu âmbito de aplicação diz respeito a qualquer categoria de cooperativas (art. 1º). Menciona os vários setores de cooperativas, como de serviços, de artesãos, operárias de produção, de trabalho.

A política sobre cooperativismo nos países deve ser um meio para: a) melhorar a situação econômica, social e cultural das pessoas; b) incrementar os recursos pessoais e o capital nacional mediante o estímulo da poupança, a supressão da usura e a sadia utilização do crédito; c) contribuir para a economia com um elemento mais amplo de controle democrático da atividade econômica e de distribuição equitativa de excedentes; d) aumentar a renda nacional, os ingressos procedentes das exportações e as possibilidades de emprego mediante exploração mais completa dos recursos, realizada, por exemplo, graças à aplicação de sistemas de reforma agrária e colonização que tendam a converter em produtivas novas regiões e desenvolver indústrias modernas, de preferência disseminadas, visando à transformação local de matérias-primas; e) melhorar as condições sociais e completar os serviços sociais em campos, tais como da moradia, da saúde, da educação e das comunicações; f) ajudar a elevar o nível de instrução geral e técnica de seus sócios.

Dispõe o item II da norma internacional que:

> com a finalidade de melhorar as oportunidades de emprego, as condições de trabalho e as receitas dos trabalhadores agrícolas sem-terras, deveriam estes ser ajudados, quando for conveniente, a organizarem-se, voluntariamente, em Cooperativas de Trabalho.

Reconhece a norma internacional a importância do fomento por parte dos órgãos estatais em relação às cooperativas, mas esclarece a importância de resguardar a independência de ação e organização das cooperativas (art. 4º).

A legislação de cada país deve: a) descrever os objetivos, procedimentos de formação e registro para modificação de seus estatutos, assim como sua dissolução (art. 12.1, *b*); b) condições de filiação, os direitos e obrigações dos sócios, que devem estar definidos nos estatutos da cooperativa (art. 12.1, *c*); c) os métodos de administração (art. 12.1, *d*); d) a proteção ao termo *cooperativa* (art. 12.1, *e*); e) as disposições que visem organizar a verificação externa das contas das cooperativas (art. 12.1, *f*).

Os procedimentos determinados pela legislação de cada país devem ser os mais simples, sobretudo os relativos ao registro das cooperativas, a fim de não entravar a constituição e o desenvolvimento de tais entidades (art. 12.2).

A organização voluntária do trabalho é um meio de diminuição do desemprego mundial. A política dos governos deve estabelecer o recebimento de ajuda e estímulo econômico, financeiro, técnico, legislativo etc., preservando, porém, a independência das cooperativas (art. 4º). Os diferentes tipos de cooperativas podem contribuir para o êxito da aplicação da reforma agrária e para a melhoria do nível de vida dos beneficiários (art. 9º).

Deveriam as cooperativas estar submetidas ao controle por parte de um organismo de segundo grau, ou por uma autoridade competente, com o escopo de garantir o cumprimento das disposições legais, em razão da sua natureza especial (arts. 27.1 e 27.2).

Deve haver um intercâmbio internacional entre os Estados-membros e seus organismos próprios, visando ao constante aprimoramento técnico e troca de experiências.

O anexo à Recomendação mostra a importância das cooperativas agrárias, inclusive para efeito de reforma agrária. Deveriam ser estipuladas formas convenientes e voluntárias de utilização cooperativa da terra, compreendendo desde a organização de certos serviços e operações agrícolas em comum até a completa utilização da terra, mão de obra e equipamentos (art. 4º). Com a finalidade de melhorar as oportunidades de emprego, as condições de trabalho e as receitas dos trabalhadores agrícolas sem-terras, deveriam estes ser ajudados, quando for conveniente, a organizar-se voluntariamente em cooperativas de trabalho (art. 11).

A Recomendação n. 193 da OIT, sobre a Promoção das Cooperativas, foi discutida em Genebra em 3 de junho de 2002. Reconhece que as cooperativas operam em todos os setores da economia e se aplica a todos os tipos e formas de cooperativas (art. 1º).

Os princípios das cooperativas são: adesão voluntária e aberta, gestão democrática por parte dos sócios, participação econômica dos sócios, autonomia e independência, educação, formação e informação, cooperação entre cooperativas e interesse pela comunidade (art. 3º, *b*).

Devem ser adotadas medidas para promover o potencial das cooperativas em todos os países, independentemente de seu nível de desenvolvimento, com o fim de ajudá-las e a seus sócios a: a) criar e desenvolver atividades geradoras de ingressos e emprego decente e sustentável; b) desenvolver capacidades no campo dos recursos humanos e fomentar o conhecimento dos valores do movimento cooperativo, assim como de suas vantagens e benefícios, mediante a educação e formação; c) desenvolver seu potencial econômico, incluídas suas capacidades empresariais e de gestão; d) fortalecer sua competitividade e ascender aos mercados e ao financiamento institucional; e) aumentar a economia e a inversão; f) melhorar o bem-estar social e econômico, tomando em conta a necessidade de eliminar todas as formas de discriminação; g) contribuir ao desenvolvimento humano durável; h) estabelecer e expandir um setor social distinto da economia, viável e dinâmico, que compreenda as cooperativas e responda às necessidades sociais e econômicas da comunidade (art. 4º).

As políticas nacionais devem: a) velar para que não sejam criadas ou utilizadas cooperativas visando à não aplicação da legislação trabalhista, de modo que sejam estabelecidas relações de trabalho fraudulentas, e lutar contra as pseudocooperativas, que violam os direitos dos trabalhadores, em razão de que a legislação de trabalho aplica-se em todas as empresas (art. 8.1, *b*); b) promover a educação e a formação em matéria de princípios e práticas cooperativas em todos os níveis apropriados dos sistemas nacionais; c) promover a adoção de medidas relativas à seguridade e saúde no lugar de trabalho (art. 8.1, *g*).

A cooperação internacional deve ser facilitada mediante: a) o intercâmbio de informação sobre políticas e programas com resultado eficaz na criação de emprego e na permissão de ingressos para os sócios das cooperativas; b) o impulso e promoção de relações entre organismos e instituições nacionais e internacionais que participem do desenvolvimento das cooperativas com o fim de torná-lo possível: 1) no intercâmbio de pessoal e ideias, material didático e de formação, metodologias e obras de consulta; 2) na compilação e utilização de material de investigação de outros dados sobre as cooperativas e seu desenvolvimento; 3) no estabelecimento de alianças e associações internacionais de cooperativas; 4) na promoção e proteção dos valores e princípios cooperativos; 5) no estabelecimento de relações comerciais entre cooperativas; c) o acesso das cooperativas a dados nacionais e internacionais de mercado, legislação, métodos e técnicas de formação, tecnologia e normas sobre produtos; d) o desenvolvimento no âmbito internacional e regional de diretrizes e leis comuns de apoio às cooperativas, quando proceda e seja possível, e a prévia consulta com as cooperativas e as organizações de empregadores e de trabalhadores interessados (art. 18).

A Recomendação sobre a Promoção das Cooperativas revisa e substitui a Recomendação de 1966, isto é, a Recomendação n. 127.

A Convenção n. 169 da OIT prevê como objetivo do cooperativismo o desenvolvimento econômico e social do cidadão, estimulando a qualificação profissional e o aumento de sua renda.

A OIT mostra que a cooperativa serve como forma de dar ocupação às pessoas, de dar trabalho. Não deixa também de ser uma forma de distribuição de renda.

Os dados da OIT mostram que 900 milhões de pessoas no mundo trabalham por intermédio das cooperativas. Desse número, 800 milhões são sócios e 100 milhões são empregados das cooperativas.

Logo, as cooperativas não podem ser consideradas como ilícitas. A cooperativa é um empreendimento econômico lícito, tanto que tem previsão nas Leis n. 5.764/71 e 12.690/2012. É um trabalho lícito, legal. Tem previsão em lei. É legal. Espécie de terceirização lícita.

14
DISTINÇÃO DO CONTRATO DE TRABALHO

O contrato de trabalho tem por requisitos:

- a pessoa física que presta os serviços. No contrato de trabalho, o prestador e serviços não pode ser pessoa jurídica;

- a continuidade na prestação dos serviços. Se o trabalho é realizado uma vez ou outra, não há contrato de trabalho;

- subordinação. O empregado fica sujeito às ordens ou determinações do empregador;

- pagamento de salário, isto é, o contrato de trabalho é um pacto oneroso. No contrato de trabalho não se admite a prestação de serviços gratuitos;

- pessoalidade. O empregado presta serviços pessoalmente. Daí se diz que o contrato de trabalho para o empregado é *intuitu personae*, em função de uma pessoa específica, que é o empregado.

As cooperativas de trabalho só poderão ser formadas por pessoas físicas, pois elas visam à melhoria das condições dos trabalhadores. Não se poderia falar em cooperativa de trabalho integrada por pessoas jurídicas.

O verdadeiro cooperado subscreve cotas-partes do capital social da cooperativa, participa de assembleias e de eleições, assim como nas sobras do exercício, que ocorrem uma vez por ano. É possível, porém, ser feita a distribuição antecipada de sobras.

O nível de escolaridade pode influir no trabalhador que assina qualquer papel, por não ter noção do que está assinando.

O trabalho realizado pelo cooperado não é gratuito. Ele recebe um pagamento, que não representa salário, pois este é inerente ao contrato de trabalho. Cooperado não tem piso salarial, mas antecipação de verba.

As comissões podem ser uma forma de remuneração do cooperado e se confundir com o salário.

A remuneração feita aos cooperados é uma forma dependente do desempenho do trabalhador, da sua produção. É um pagamento variável.

Deve-se evitar remunerar o trabalhador por hora, pois pode-se confundir com o contrato de trabalho.

O mais correto é remunerar o trabalhador pelo serviço concluído, pelo resultado proporcionado decorrente de seu desempenho.

O pagamento deve ser feito pelo tomador dos serviços à cooperativa, e não diretamente ao prestador dos serviços, pois, do contrário, pode indicar que o trabalhador presta serviços para o tomador, por quem é remunerado.

Entre os associados não há relação de subordinação, mas societária, de iniciativa em comum para determinado fim. Todos os sócios têm a mesma condição, de igualdade, diante do regime democrático que impera na cooperativa. Um deles não deve obediência ao outro. Um cooperado não é superior ao outro. O cooperado deve apenas observar o contido no regulamento ou estatuto da cooperativa ou as decisões da Assembleia Geral.

O cooperado não tem subordinação à cooperativa, como ocorre na relação entre empregado e empregador. Existe uma relação institucional ou societária entre o sócio e a cooperativa. Há entre o cooperado e a cooperativa a *affectio societatis*, a intenção de ser sócio da cooperativa, a iniciativa comum em ser sócio, a vontade de se associar à cooperativa. Na cooperativa, há uma associação de pessoas com objetivo comum. Isso não ocorre no contrato de trabalho, em que o empregado não tem interesse em ser sócio do empregador. A iniciativa em comum, a vontade de ser sócio e assunção de riscos são inerentes à cooperativa.

É possível gerenciar ou supervisionar o trabalho, mas não a pessoa do trabalhador. Esta não pode ser controlada, sob pena de ser caracterizada a subordinação. A fiscalização do serviço pode ser feita por intermédio da cooperativa, e não em relação ao próprio trabalhador.

Na cooperativa, a subordinação não é feita a pessoas, mas em razão das regras democráticas estabelecidas na Assembleia Geral.

Considera o inciso IV do § 15 do art. 9º do Regulamento da Previdência Social como segurado obrigatório individual "o trabalhador associado a cooperativa que nessa qualidade presta serviços a terceiros". Na verdade, o cooperado é autônomo, pois presta serviços habitualmente a terceiros sem subordinação, por conta própria e assumindo os riscos de sua atividade. O cooperado tem autonomia na prestação dos serviços. Não trabalha por conta alheia.

Poderá o cooperado também ser considerado trabalhador eventual, desde que seu serviço seja prestado a terceiros de forma ocasional, esporádica.

O cooperado deve ser orientado a como fazer o trabalho, mas não pode ser fiscalizado ou punido por chegar atrasado ou por faltar. Advertência formal por fumar na recepção do local onde trabalha pode indicar subordinação. O ideal é que não exista orientação dada por pessoa do tomador dos serviços ao cooperado, mas por outro cooperado, pois pode evidenciar fiscalização do trabalho do cooperado e, portanto, subordinação.

Cartão de ponto não deve ser utilizado pelo cooperado, pois indica controle de horário, controle da pessoa e subordinação. O cooperado é autônomo, prestando serviços sem subordinação e com horário livre, com autonomia, não podendo ter horário controlado. É sabido que muitas vezes o cooperado é pago pelas horas que trabalha. Por isso, é utilizado o cartão de ponto. Não se pode dizer que o controle de jornada serve apenas para o pagamento dos dias de trabalho, pois indica subordinação, determinação no sentido de cumprir certo horário. Cooperado não tem obrigação de cumprir horário, trabalha por livre e espontânea vontade. Pode haver controle de frequência desde que seja apenas uma forma de verificar os dias trabalhados para efeito de pagamento do cooperado. O ideal é evitar o controle de ponto visando não caracterizar o elemento subordinação. O demonstrativo de horas trabalhadas deve partir do próprio cooperado.

O auditor, o gestor ou o diretor da cooperativa é que irão fiscalizar o trabalho que está sendo feito. O gestor deve ser eleito pelos cooperados. Talvez o gestor possa ser equiparado ao capitão da equipe de futebol, que é uma espécie de líder em campo, de representante do treinador, no caso, da cooperativa. A fiscalização não poderá ser realizada pela tomadora dos serviços, pois irá indicar subordinação. O ideal é que a fiscalização seja feita pelo diretor de cooperativa ou por um cooperado, em razão de que o interesse é de todos os membros. Devem ser cobrados resultados da cooperativa, e não do trabalhador.

A produtividade deve ser analisada sob a ótica do que produz, e não de acordo com seu horário de trabalho. Controle de horário não é meio de aferir produtividade, mas de controlar o trabalho do prestador de serviços. Indica, portanto, subordinação, principalmente pelo fato de haver advertências para cumpri-lo.

A relação do cooperado com a cooperativa é de reciprocidade, de coordenação para o objetivo comum.

Se a subordinação direta ocorrer com o tomador dos serviços, provavelmente o vínculo de emprego será estabelecido com ele, em razão de que essa pessoa é que determina as ordens de serviço ao trabalhador.

A Assembleia Geral da cooperativa pode determinar que os cooperados usem cartão de ponto. Isso mostra um regime democrático, a prevalência da autonomia privada coletiva, da vontade da maioria, do interesse da sociedade. Contudo, a utilização do cartão de ponto pode e não vai indicar subordinação, pois envolve controle do trabalhador, e não do trabalho. O elemento controle de ponto deve ser conjugado com outros elementos constantes da relação mantida entre as partes. Não há subordinação com a Assembleia Geral, que é órgão da sociedade.

O trabalhador não é subordinado a ninguém. Cumpre determinações constantes no estatuto e na Assembleia Geral, por ser sócio da cooperativa e estar sujeito às regras do seu estatuto.

Devem ter os cooperados disponibilidade sobre seu próprio tempo ou trabalho.

O verdadeiro cooperado não tem horário de trabalho, nem dia para trabalhar. Presta serviços por quanto tempo quiser. Pode sair em férias por 10, 40, 60 dias ou mais. Participa das decisões na cooperativa e as aprova.

O cooperado pode trabalhar mais porque quer, pois é dono do negócio. Se não quer trabalhar, não trabalha, pois é autônomo.

O trabalho do cooperado deve ser feito num sistema de colaboração ou coordenação, e não de subordinação.

Muitas vezes, ocorre de o trabalhador faltar ao trabalho, mas não é substituído por outra pessoa, tendo de fazer seu trabalho no dia seguinte. Está presente o requisito pessoalidade.

O falso cooperado trabalha todos os dias e não de forma eventual para o mesmo tomador.

O ideal é que o cooperado não tenha como única fonte de renda o tomador dos serviços, para evitar a formação do vínculo com o último.

Prevê o art. 7º da Lei n. 5.764/71 que as cooperativas singulares caracterizam-se pela prestação direta de serviços aos associados, e não pela prestação de serviços dos associados. O art. 4º da mesma norma menciona que a cooperativa presta serviços aos associados. O cooperado é ao mesmo tempo sócio e cliente, diante do chamado princípio da dupla qualidade.

Já determinava o art. 90 da Lei n. 5.764/71 que "qualquer que seja o tipo de cooperativa, não existe vínculo empregatício entre ela e seus associados". A diferença entre o parágrafo único do art. 442 da CLT e o art. 90 da Lei n. 5.764/71 é que foi acrescentada ao primeiro a expressão "nem entre os cooperados e os tomadores de serviços daquela". A Lei n. 5.764/71 usa a expressão "para qualquer que seja o tipo de cooperativa", e não qualquer ramo de atividade da sociedade cooperativa. A CLT, "para qualquer que seja o ramo da sociedade cooperativa".

O parágrafo único do art. 442 da CLT tinha revogado o art. 90 da Lei n. 5.764/71, pois era posterior ao último e regula inteiramente a matéria. A Lei

n. 12.690/2012 não revogou expressamente o art. 90 da Lei n. 5.764/71, nem o parágrafo único do art. 442 da CLT.

Não se atrita o parágrafo único do art. 442 da CLT com o inciso IV do art. 1º da Constituição, pois este fala no "valor social do trabalho" e não no "valor social do emprego". A cooperativa não deixa de ser uma forma de valorização social do trabalho, embora não exista vínculo de emprego. A regra do inciso IV do art. 1º da Constituição deve ser interpretada em consonância com as contidas no § 2º do art. 174, o inciso VI do art. 187 e o inciso VIII do art. 192 da Lei Magna, que valorizam e reconhecem a cooperativa.

Quando a cooperativa tem empregados que lhe prestam serviços, iguala-se às demais empresas para os fins trabalhistas e previdenciários (art. 91 da Lei n. 5.764/71). Nada impede, portanto, que a cooperativa tenha empregados, como secretárias, *office boys*, porteiros, faxineiros, ascensoristas etc. Essas pessoas serão regidas pela CLT e serão consideradas segurados empregados para fins da legislação previdenciária. São empregados da cooperativa.

Dispõe o parágrafo único do art. 442 da CLT que "qualquer que seja o ramo de atividade da sociedade cooperativa, não existe vínculo de emprego entre ela e seus associados, nem entre estes e os tomadores de serviços daquela". Assim, nunca haverá vínculo de emprego?

Octavio Bueno Magano entende que a norma há pouco mencionada deve ser aplicada de forma integral, visando excluir a existência do vínculo de emprego[1]. Afirma que:

> para se falar em simulação invalidante de contrato com cooperativa fornecedora de mão de obra, em detrimento de seus cooperados, hipótese de difícil caracterização, já que quem dirige as cooperativas são os próprios cooperados[2].

Esclarece em relação à fraude que:

> nos termos do artigo 9º da CLT, esta só se caracteriza quando há atos praticados com a intenção de desvirtuar ou impedir a aplicação da CLT, hipótese que se há de rechaçar, quando, ao contrário, esteja em causa o cumprimento de um de seus preceitos, como é o caso da aplicabilidade do parágrafo único do artigo 442, concernente às cooperativas[3].

Deve-se, porém, fazer a interpretação sistemática do parágrafo único do art. 442 da CLT com os arts. 2º, 3º e 9º da CLT. Não se pode interpretar isolada e gramaticalmente o parágrafo único do art. 442 da CLT. Entender de forma con-

---

1. MAGANO, Octavio Bueno. Cooperativas. *Revista de Direito do Trabalho*, São Paulo: Revista dos Tribunais, n. 87, p. 77-78, set. 1994.
2. MAGANO, Octavio Bueno. Cooperativas, in *Política do Trabalho*. São Paulo: LTr, 2001, v. 4, p. 457.
3. Idem, ibidem, p. 457-458.

trária seria pensar que os dispositivos há pouco mencionados são contraditórios entre si. Num sistema jurídico, a lógica determina que esses dispositivos devem ser interpretados de forma a que não existam incompatibilidades. Dessa maneira, a interpretação deve ser feita analisando o conjunto, o sistema de normas, compatibilizando-se e harmonizando-se o parágrafo único do art. 442 da CLT com os arts. 2º, 3º e 9º da mesma norma. Na aplicação da lei, o juiz atenderá aos fins sociais a que ela se dirige e às exigências do bem comum (art. 5º da Lei de Introdução às Normas do Direito Brasileiro). Com isso, chega-se ao verdadeiro critério de Justiça. Como afirma Carlos Maximiliano, o verdadeiro sentido da norma deve ser buscado em favor, e não em prejuízo de quem ela visa proteger[4]. A norma trabalhista deve, portanto, ser interpretada em favor do trabalhador, a quem ela visa proteger.

Sob a ótica da interpretação teleológica ou finalística, não é possível que o objetivo do parágrafo único do art. 442 da CLT fosse de acobertar fraudes.

Fraude é "o artifício malicioso empregado para prejudicar a terceiros"[5]. Ela contém dois elementos: o objetivo (*eventus damni*) e o subjetivo (*consilium fraudis*)[6]. O elemento objetivo indica o ato prejudicial. O subjetivo, a intenção da pessoa em praticar o fato com má-fé.

Havendo fraude na contratação e estando presentes os requisitos do art. 3º da CLT, fica configurado o vínculo de emprego. A realidade deve ficar acima da forma empregada pelas partes. A norma legal deve ser interpretada no sentido de proteger o trabalhador. O trabalhador não pode renunciar a direitos que estão previstos na legislação laboral.

A cooperativa presta serviços para o cooperado (arts. 4º e 7º da Lei n. 5.764/71), e não o contrário. Empregado presta serviços para a sociedade, e não esta presta serviços para o trabalhador. Somente em sociedades cooperativas fraudulentas é que se poderia falar que o cooperado presta serviços para a cooperativa.

A jurisprudência mostra que havendo fraude ficará configurado o vínculo de emprego:

> Sócio de Cooperativa de Trabalho, que mantém relação de trabalho subordinado para com ela, é empregado. Hipótese em que ocorrem as duas situações jurídicas. Embargos não conhecidos (TST, Pleno, E-RR 1.769/78, Ac. 1.234/80, Rel. Min. Hildebrando Bisaglia, *DJ* 4-7-1980).

> Imprópria a denominação da cooperativa na contratação de trabalho entre associados e beneficiário dos serviços, configurando evidente fraude aos direitos das reclamantes, por

---

4. MAXIMILIANO, Carlos. *Hermenêutica e aplicação do direito*. 16. ed. Rio de Janeiro: Forense, 1997, p. 151-156.
5. MONTEIRO, Washington de Barros. *Curso de direito civil*. 16. ed. São Paulo: Saraiva, 1977, p. 216.
6. DINIZ, Maria Helena. *Curso de direito civil*. 10. ed. São Paulo: Saraiva, 1994, v. 1, p. 256.

afastá-las da proteção do ordenamento jurídico trabalhista. Reconhecimento de vínculo empregatício entre cooperativados e tomador dos serviços (TRT 4ª R., RO 7.789/83, Ac. 4ª T., j. 8-5-1984, Rel. Juiz Petrônio Rocha Violino, *LTr* 49-7/839).

Cooperativa. Relação de emprego. Quando o fim almejado pela cooperativa é a locação de mão de obra de seu associado, a relação jurídica revela uma forma camuflada de um verdadeiro contrato de trabalho (TRT 2ª R., 1ª T., RO 02930463800, Ac. 02950210648, Rel. Juiz Floriano Correa Vaz da Silva, *DOESP* 7-6-1995, p. 41).

Inteligência do parágrafo único do art. 442 da CLT. As cooperativas caracterizam-se pela associação de pessoas que se comprometem a contribuir com bens ou serviços em prol de uma atividade econômica, sem objetivo de lucro e para prestar serviços aos próprios associados. A não observância dessas características enseja fraude à lei, e a cooperativa deve ser considerada mera intermediadora de mão de obra (TRT 2ª R., 3ª T., RO 02950288701, Ac. 029600565279, Rel. Juiz Décio Daidone, *DOESP* 12-11-1996).

As chamadas cooperativas de trabalho se constituem com a finalidade precípua de melhorar as condições de trabalho e nível salarial de determinados trabalhadores, dispensando a intervenção do empregador. Todavia, arregimentar mão de obra barata, sob o manto de falso cooperativismo, fazendo o trabalhador renunciar a direitos sabidamente irrenunciáveis, e que assim sempre irá fazê-lo em virtude de coação do próprio emprego, é um retrocesso histórico a todos os avanços conseguidos pelo Direito do Trabalho no decorrer dos tempos. Trabalhador que é fiscalizado, subordinado e que recebe importâncias com características de salário, é padronizado pela norma consolidada (art. 3º), não como cooperado, mas sim empregado, e como tal se acha amparado por todas as leis trabalhistas e previdenciárias (TRT 24ª R., RO 0150/99, Ac. 1.428/98, j. 7-7-1999, Rel. Juiz Nicanor de Araújo Lima, *LTr* 64-03/405).

Cumpridos os requisitos da Lei n. 12.690/2012 não se formará o vínculo de emprego, nos termos do parágrafo único do art. 442 da CLT. Haverá, na verdade, sociedade entre as partes com o objetivo de um empreendimento comum ou da exploração de uma atividade. Inexistirá vínculo de emprego entre associados da cooperativa e esta, justamente em decorrência da condição dos prestadores dos serviços, que são os associados da cooperativa, além de inexistir subordinação.

Entretanto, se não houver esse interesse comum de sociedade entre as partes, mas, ao contrário, existirem subordinação e os demais elementos previstos no art. 3º da CLT, existirá vínculo de emprego com a empresa tomadora dos serviços. Na prática, as empresas vão utilizar-se desse procedimento e serão criadas cooperativas com o objetivo de evitar a configuração da relação de emprego.

Por exemplo, um hospital pode ter admitido vários médicos para prestar serviços. Posteriormente, dispensa todos eles e os contrata sob a forma de cooperativa, denominando-os cooperados, embora exista subordinação, caso em que haverá vínculo de emprego dos cooperados com o hospital, principalmente se a situação for a mesma de outros empregados. Se há continuidade na prestação de serviços pela mesma pessoa e o serviço é por tempo indeterminado e permanente, pode-se configurar o vínculo de emprego, pois o certo seria haver rodízio dos cooperados na prestação dos serviços, e não a prestação de serviços ser feita sempre pelas mesmas pessoas. Provada, todavia, a existência de fraude, o vínculo de emprego se formará normalmente, sendo aplicado o art. 9º da CLT, que impede procedimentos escusos com vista em burlar a configuração da relação de emprego ou em se preterir direitos trabalhistas dos empregados. Os abusos, assim, serão coibidos pela Justiça do Trabalho.

Não havendo fraude, a cooperativa só terá empregados em relação aos quais realmente houver prestação de serviços com subordinação e pessoalidade, como secretárias, *office boys*, faxineiros. A fraude, porém, não se presume, deve ser provada.

Para que haja a real prestação de serviços por intermédio da sociedade cooperativa e não exista o vínculo de emprego é mister que os serviços sejam geralmente de curta duração, de conhecimentos específicos. Quando a prestação dos serviços é feita por prazo indeterminado, deve haver um rodízio dos associados no trabalho para não se discutir a existência do vínculo de emprego, pois nesse caso estará ausente o elemento pessoalidade.

A verdadeira cooperativa não contrata, não paga salários, nem dirige a prestação dos serviços do trabalhador.

Visa a cooperativa à ajuda mútua entre as pessoas, os cooperados. Envolve, portanto, solidariedade e participação, e as pessoas estão em igualdade de condições. A solidariedade entre as pessoas para a formação e o desenvolvimento das cooperativas é essencial, inclusive para sua manutenção e funcionamento. Não pode, porém, a cooperativa representar a exploração do trabalho humano.

O ônus da prova do fato constitutivo, que é a existência do vínculo de emprego, é do trabalhador (art. 818, I, da CLT c/c art. 373, I, do CPC). O parágrafo único do art. 442 da CLT indica que não há vínculo de emprego entre o tomador de serviços e o trabalhador, nem entre este e a cooperativa. Tem de ser lido o parágrafo único do art. 442 da CLT no sentido de ser uma presunção relativa, e não absoluta, admitindo que o trabalhador prove a existência do vínculo de emprego. Logo, cabe ao trabalhador demonstrar a existência do vínculo de emprego, diante da presunção relativa da inexistência de contrato de trabalho entre as partes.

Não há hierarquia entre os sócios. Todos são iguais entre si em direitos e obrigações. Não há superiores. A gestão é democrática. Não há subordinação, e sim cooperação, iniciativa em comum. O cooperado é usuário e dono, e não subordinado.

A natureza da relação do cooperado com a cooperativa não deixa de ser de trabalho, mas de natureza especial, não sujeita à subordinação. O cooperado trabalha. Logo, a relação envolve trabalho. Não se trata de contrato de emprego, mas compreende trabalho. Embora haja trabalho, o aspecto importante é a associação na cooperativa, que indica sua relação societária.

Nas cooperativas em que o cooperado não presta serviços, como nas cooperativas de crédito, de distribuição etc., não se pode falar que a relação é de trabalho, mas societária.

Não se pode dizer que a relação é mista, pois, na verdade, o cooperado não presta serviços para a cooperativa, não trabalha para ela. As pessoas jurídicas têm natureza distinta da de seus membros, como mencionava o art. 20 do Código Civil de 1916. Exceção ocorreria se fosse empregado ou se houvesse de ser feito um serviço para a própria cooperativa. Assim, o aspecto mais importante é a relação societária, de ser sócio da cooperativa.

A sociedade cooperativa não pode revestir a condição de agenciadora, locadora ou intermediadora de mão de obra (art. 5º da Lei n. 12.690/2012), pois não são essas suas funções. Procedimento em sentido contrário desvirtuaria plenamente seus objetivos e contrariaria a Lei n. 6.019/74, que tem por objetivo disciplinar o trabalho temporário. Não pode existir a locação permanente da mão de obra. O trabalho temporário é realizado por intermédio de empresa de trabalho temporário (arts. 2º e 4º da Lei n. 6.019/74). A empresa de trabalho temporário deve ser registrada na Junta Comercial (art. 6º, II, da Lei n. 6.019/74). A cooperativa não é registrada no primeiro órgão. As empresas de trabalho temporário ficam sujeitas à falência (art. 16 da Lei n. 6.019/74), enquanto as cooperativas podem ficar insolventes.

A cooperativa de trabalho não pode intermediar mão de obra subordinada (art. 5º da Lei n. 12.690/2012), mas pode, portanto, intermediar outro tipo de mão de obra, que não seja subordinada. Não é função da cooperativa intermediar mão de obra, como ocorre na Lei n. 6.019/74 (trabalho temporário) e Lei n. 7.102/83 (sobre vigilância e segurança). Se intermediar mão de obra subordinada, existe fraude.

A Lei n. 6.019/74 não admite o trabalho temporário no âmbito rural, pois considera empresa de trabalho temporário a pessoa física ou jurídica urbana (art. 4º). Logo, a empresa de trabalho temporário não pode colocar trabalhadores para tomadores de serviço no âmbito rural. Cooperativa que quiser se fundamentar na Lei n. 6.019/74 para prestar serviços ao tomador na área rural também não o poderá fazer, pois o trabalho temporário não pode ser desenvolvido no âmbito rural.

Em caso semelhante, a jurisprudência assim entendeu:

Inadequada intermediação na contratação de trabalho entre cooperativado e destinatário da prestação, a pretexto de locação de serviços, em aberta infração à ordem jurídica. Reconhecimento da relação de emprego entre o prestador e o beneficiário do serviço, assegurada a sua eficácia legal (TRT 4ª R., 1ª T. 2035/80, j. 10-11-1980, Rel. Ermes Pedro Pedrassani, *LTr* 45-5/601).

Também não será possível o trabalho por intermédio de cooperativa na área de vigilância e transporte de valores, em razão da previsão da Lei n. 7.102/83. A vigilância e o transporte de valores só podem ser feitos por empresa especializada ou pelo estabelecimento financeiro (arts. 3º, II, e 10 da Lei n. 7.102/83). Da mesma forma, cooperativa não é empresa, pois não visa ao lucro.

O parágrafo único do art. 442 da CLT abre a possibilidade de terceirização de serviços por intermédio de cooperativas, já que não se forma o vínculo de emprego entre estas e seus associados, qualquer que seja o ramo de atividade da sociedade cooperativa, nem entre os cooperados e os tomadores de serviços daquela, desde que atendidos os requisitos legais. O cooperativismo não deixa, porém, de ser uma forma de solucionar os problemas de produção em empresas que tenham por objetivo reduzir seus custos. Trata-se de terceirização lícita, devidamente autorizada por lei, desde que observados seus requisitos.

O inciso III da Súmula 331 do TST entende válida a terceirização se forem prestados serviços especializados. Nada impede que os serviços especializados sejam prestados por intermédio de cooperativa, como ocorre com cooperativas de médicos, de engenheiros, de dentistas etc. O inciso II do art. 4º da Lei n. 12.690/2012 também faz referência à necessidade de serviços especializados nas cooperativas de serviço. Limpeza, entretanto, não é geralmente feita por pessoas que têm especialização.

Entendo possível a terceirização na atividade-fim da empresa, inclusive por meio de cooperativa. Não existe lei proibindo a terceirização na atividade-fim da empresa.

A indústria de fogões Wallig no Rio Grande do Sul foi adquirida por seus empregados e transformada em cooperativa de trabalho comunitário. A Tecelagem Paraíba, que produz cobertores, também foi reerguida por meio de cooperativa.

A cooperativa de taxistas é uma verdadeira cooperativa de prestação de serviços aos associados. Pode a cooperativa obter combustível, serviços mecânicos ou outros de forma mais barata para os associados. Os taxistas são chamados pela Central de Rádio Táxi, que recebe o telefonema do cliente e avisa o motorista que estiver mais próximo para ir até o local ou é marcada hora para esse fim. Presta, portanto, serviços aos associados.

Será impossível a formação de cooperativa de atletas profissionais. O jogador de futebol presta serviços subordinados, sujeito a treinos, concentração e até a ser multado. Sua relação é de emprego, tanto que deve ser celebrado contrato de trabalho e anotação na CTPS. Só seria possível se fosse para algo eventual, como um jogo ou alguns jogos, mas não para um campeonato.

O treinador profissional de futebol também não poderá ser cooperado. Ele é considerado empregado (art. 2º da Lei n. 8.650/93). Deve ser registrado (art. 6º da Lei n. 8.650/93). Aplica-se a esse profissional a legislação trabalhista (art. 7º da Lei n. 8.650/93). Fica subordinado às determinações do clube e presta serviços contínuos, ainda que por prazo determinado.

Estagiários não poderão ser contratados por intermédio de cooperativa. A Lei n. 11.788/2008 mostra que a relação de estágio é estabelecida entre o estagiário, a instituição de ensino e o tomador dos serviços (art. 3º). Logo, nessa relação não pode fazer parte a cooperativa.

É possível a criação de cooperativa de professores se existe rodízio entre os professores, de forma que não seja feita a prestação de serviços sempre pelo mesmo trabalhador. Isso mostra a inexistência de pessoalidade e de eventualidade na prestação de serviços se a contratação é feita por prazo determinado, de curta duração, para cursos modulares, para seminários, para *workshops* etc.

A cooperativa de professores pode reerguer uma escola falida ou em dificuldades financeiras, desde que haja iniciativa em comum nesse sentido.

Muitas vezes, quem fixa a remuneração dos cooperados é a Assembleia Geral, tomando por base também o que o mercado paga. Não é, portanto, o tomador de serviços. A remuneração paga pela cooperativa muitas vezes é superior à paga pelo mercado. Isso pode ser um fator, conjugado com outros, para indicar que não há contrato de trabalho.

É certo que os professores participam de reuniões pedagógicas, que são fixadas pelo colégio, de acordo com o calendário escolar. Essas reuniões são necessárias para o desenvolvimento das aulas, a observância de um programa ou de um método de ensino.

Não deve haver fiscalização da pessoa do trabalhador, mas orientação do gestor da cooperativa, de como o trabalho deve ser feito em benefício comum da sociedade.

Cooperativa de professores na escola, com horário de trabalho para as aulas e obrigatoriedade de dias de trabalho, indica subordinação.

O fato de a pessoa ter de prestar serviços durante todo o ano letivo mostra continuidade da prestação de serviços. Não há eventualidade na prestação de serviços. Não se pode considerar o ano letivo como um evento, pois o professor trabalha em dias certos, tem suas aulas agendadas em horários fixos.

Essas pessoas provavelmente são empregadas, e não cooperadas, pois se enquadram na definição de empregado do art. 3º da CLT. A prestação de serviços é feita por pessoa física, com subordinação, continuidade, remuneração e pessoalidade.

Para que haja trabalho cooperado, é preciso autonomia na prestação de serviços, e não subordinação. O trabalhador é que deve determinar o que quer fazer, quando quer fazer e onde vai fazer. Não pode cumprir ordens.

Já julguei caso de cooperativa em que ficou configurado o vínculo de emprego:

> Contratação por cooperativa. Impossibilidade. Da defesa da ré consta que o autor firmou contrato com a Cooperativa para obter a prestação de serviços especializados em projeto que necessitava de conhecimentos técnicos específicos. Ora, a atividade de porteiro não necessita de conhecimentos técnicos específicos e, por certo, não fazia parte de qualquer "projeto" especial da reclamada. Vínculo de emprego reconhecido, pois evidenciada subordinação na relação entre as partes (TRT 2ª R., 8ª T., RO 00368200706102001, Ac. 20070870610, j. 8-10-2007, Rel. Sergio Pinto Martins).

A cooperativa deve ter, de preferência, uma única atividade, como de saúde, de manutenção, de crédito etc. Entendo ser impossível o estabelecimento de cooperativa multiprofissional, de várias profissões ao mesmo tempo, como de secretárias, *office boys*, telefonistas, serventes, pessoal de limpeza etc. A exceção seria para uma mesma atividade, como na construção civil, que reuniria pedreiros, pintores, azulejistas, carpinteiros, mestres de obras etc., ou de recepcionistas para eventos, em razão da descontinuidade do serviço.

A cooperativa deve ter identidade profissional, não se admitindo cooperativas multiprofissionais.

Não importa se o trabalho é realizado nas dependências da cooperativa ou na empresa tomadora, mas que o cooperado não tenha subordinação na prestação de serviços. Deve ter autonomia.

A empresa deve evitar criar cooperativa para seus ex-funcionários, pois pode mostrar a continuidade na prestação dos serviços dos trabalhadores nas mesmas condições anteriores, quando existia o vínculo de emprego. Em muitos casos, os empregados de ontem são os supostos cooperados de hoje. Não poderá, também, a empresa obrigar seus funcionários a criarem cooperativa, pois esta depende de livre adesão dos interessados. O ideal é que a associação na cooperativa seja feita por qualquer pessoa.

Deve-se, também, evitar contratar autônomos que já prestaram serviços na empresa como empregados. Se persistir a mesma condição de trabalho, com a prestação de serviços no mesmo local, na mesma mesa, haverá contrato de trabalho e, se houver continuidade da prestação de serviços, um único contrato de trabalho.

O ideal é que a cooperativa contratada tenha vários clientes, pois do contrário poderá ficar evidenciada a dependência em relação a um único tomador e indicar subordinação.

Não se deve permitir que a cooperativa funcione dentro do tomador, visando não se confundir com este.

Se possível, o cooperado deve prestar serviços fora da empresa, pois não estará sujeito a ordens de serviço determinadas na empresa.

O trabalho por intermédio de cooperativa poderia ser realizado pelos trabalhadores domésticos diaristas, que a cada dia prestam serviços para diferente tomador. Isso mostra a existência da eventualidade na prestação de serviços para o mesmo tomador. A cooperativa poderia promover a colocação de tais trabalhadores no tomador, além de assegurar remuneração a tais pessoas.

Nada impediria, em princípio, que o trabalhador fosse cooperado e empregado ao mesmo tempo. O fato de ter o trabalhador cotas da sociedade não o impediria de ser considerado empregado, desde que não fossem em grande quantidade, que implicasse tomar decisões na sociedade. Entretanto, independentemente do capital subscrito em relação a cada cooperado, ele só tem direito a um voto, o que implica não ser possível a figura de cooperado e ao mesmo tempo de empregado. O cooperado não poderia tornar-se empregador de si mesmo. O associado que aceitar e estabelecer relação empregatícia com a cooperativa perde o direito de votar e ser votado, até que sejam aprovadas as contas do exercício em que ele deixou o emprego (art. 31 da Lei n. 5.764/71).

É aplicável às cooperativas o inciso IV da Súmula 331 do TST, sendo responsabilizado subsidiariamente o tomador dos serviços, se foi beneficiado da prestação dos serviços do trabalhador. Muitas vezes, a discussão diz respeito ao reconhecimento do vínculo empregatício com a própria cooperativa, que era a empregadora. Não fazendo o devedor principal o pagamento das verbas deferidas ao empregado, que é a cooperativa, fica responsabilizado subsidiariamente o tomador dos serviços.

A empresa contratante é subsidiariamente responsável pelas obrigações trabalhistas referentes ao período em que ocorrer a prestação de serviços, e o recolhimento das contribuições previdenciárias (§ 5º do art. 5º-A da Lei n.

6.019/74). Essa regra também se aplica em relação à prestação de serviços por cooperativa, que é uma prestadora de serviços.

O tomador dos serviços terá responsabilidade subsidiária em razão da escolha de parceiro inidôneo financeiramente (culpa *in eligendo*) e da falta de fiscalização quanto ao pagamento das verbas trabalhistas devidas aos empregados da cooperativa (culpa *in vigilando*).

A cooperativa é obrigada a ter fundo de contingências ou de reservas (art. 28, I, da Lei n. 5.764/71). Caso assim não se faça, já se demonstra sua inidoneidade financeira para arcar com a condenação trabalhista, implicando responsabilidade subsidiária do tomador dos serviços.

Para que haja a responsabilidade subsidiária da tomadora dos serviços, é preciso que ela faça parte do polo passivo da ação e haja o trânsito em julgado da decisão que a condenou de forma subsidiária. Do contrário, não poderá ser executada.

Não vai haver responsabilidade solidária entre a tomadora dos serviços e a cooperativa, pois a solidariedade resulta da lei ou da vontade das partes (art. 265 do Código Civil) e não há lei estabelecendo solidariedade para esse caso.

A Cooperativa de Trabalho não poderá ser impedida de participar de procedimentos de licitação pública que tenham por escopo os mesmos serviços, operações e atividades previstas em seu objeto social (§ 2º do art. 10 da Lei n. 12.690/2012). A licitação pública é um certame público em que se objetiva o melhor preço. A cooperativa pode ser contratada pela Administração Pública, desde que seja feita licitação. É lícita a terceirização feita pela Administração Pública, desde que realizada licitação, ainda que por intermédio da utilização de cooperativas. Não há inconstitucionalidade por desigualdade, pois as cooperativas têm previsão na Constituição. São criadas de acordo com a lei e, portanto, são lícitas. A cooperativa é uma sociedade, como também é a empresa.

A cooperativa de crédito, apesar de ser uma sociedade de pessoas, exerce atividade financeira. Não é aplicável ao caso a Súmula 55 do TST que afirma: "as empresas de crédito, financiamento ou investimento, também denominadas 'financeiras', equiparam-se aos estabelecimentos bancários para os efeitos do art. 224 da CLT", pois a cooperativa não é empresa. Não visa a lucro.

A Orientação Jurisprudencial 379 da SBDI-1 do TST afirma que:

> os empregados de cooperativas de crédito não se equiparam a bancário, para efeito de aplicação do art. 224 da CLT, em razão da inexistência de expressa previsão legal, considerando, ainda, as diferenças estruturais e operacionais entre as instituições financeiras e as cooperativas de crédito. Inteligência das Leis n. 4.594, de 29-12-1964, e 5.764, de 16-12-1971.

O TST entendeu que os empregados de cooperativas em estabelecimentos de serviços de saúde integram a mesma categoria profissional dos empregados em estabelecimentos de serviços de saúde[7]. Observa-se a atividade preponderante da cooperativa.

---

7. TST, RR 40900-6.2006.5.04.005, j. 4-8-2010, Rel. Min. Maurício Godinho Delgado.

15
ÁREA RURAL

A exploração do trabalho por meio de cooperativas tem sido utilizada com grande ênfase na área rural, como na colheita de café, no corte de cana-de-açúcar e para apanhar laranjas.

É comum a utilização das cooperativas para a contratação de trabalhadores visando à colheita das safras. Muitas vezes é usada de forma abusiva, em que o *gato* (intermediário na colocação de mão de obra) arregimenta o boia-fria. Finda a colheita, em vez de se distribuírem os lucros entre os associados, o *gato* fica com a maior parte e paga as migalhas aos trabalhadores, descaracterizando a existência da cooperativa. Havendo subordinação entre o trabalhador e o *gato*, não há que se falar em cooperativa. Em outros casos, pode ocorrer de o fazendeiro dispensar todos os trabalhadores para depois contratá-los para fazer o mesmo serviço sob a forma de cooperativa.

O art. 4º da Lei n. 5.889/73 (Lei do Trabalhador Rural) equipara ao empregador rural a pessoa física ou jurídica que, habitualmente, em caráter profissional e por conta de terceiros, execute serviços de natureza agrária mediante utilização do trabalho de outrem. Isso poderia ocorrer com a cooperativa, que, se presentes os requisitos da relação de emprego, poderá ser considerada empregadora rural. A regra do art. 4º da Lei n. 5.889/73 foi inspirada no art. 4º do Estatuto do Trabalhador Rural, que impunha a empreiteiros ou meeiros rurais a condição de empregadores[1].

Dispõe o art. 17 da Lei n. 5.889 que suas normas são aplicáveis, no que couber, aos trabalhadores rurais não compreendidos na definição de empregado rural, que prestem serviços a empregador rural.

Seria observado o citado art. 17 da Lei n. 5.889/73 aos parceiros e meeiros, pois o arrendatário presta serviços para si próprio e não para o empregador rural. O mesmo ocorre com o cooperado, que presta serviços para si próprio e não para o empregador rural.

---

1. RUSSOMANO, Mozart Victor. *Comentários ao estatuto do trabalhador rural.* São Paulo: Revista dos Tribunais, v. 1, p. 30; PRUNES, José Luiz Ferreira. *Comentários ao estatuto do trabalhador rural.* Rio de Janeiro: Edições Trabalhistas, 1971. p. 18.

A CLT não se aplica ao trabalhador rural (art. 7º, *b*), salvo quando houver disposição em sentido contrário. O art. 4º do Regulamento do Trabalho Rural, determinado pelo Decreto n. 73.626/74, manda observar o art. 442 da CLT.

Os *turmeiros* são os intermediários entre o empregador rural e os trabalhadores. Devem apanhar os trabalhadores pela manhã, em determinado local e horário, estabelecendo o local da colheita, fiscalizando-a. No fim do dia, os *turmeiros* voltam para buscar os trabalhadores e transportá-los para o local de origem. Os trabalhadores muitas vezes são enganados quanto ao pagamento do trabalho. De seus rendimentos são descontados transporte, alimentação e alojamento. Muitas vezes, os trabalhadores ficam até devendo para os *turmeiros*.

Acabam sendo os *turmeiros* substituídos pelas cooperativas, mas continuam atuando como falsos intermediadores. O vínculo de emprego fica comprovado na existência de subordinação e na falta de livre adesão dos trabalhadores às cooperativas. Os trabalhadores não sabem como funciona a cooperativa, nem participam de assembleias. Há acórdãos entendendo configurar o vínculo de emprego nesse caso:

Relação de emprego – Cooperativa

A formação de sociedades cooperativas tem apresentado resultados positivos em diversas áreas de prestação de serviços, como no caso de médicos, consultores, arquitetos, ou seja, trabalhadores que gozam de autonomia em razão da natureza de sua atividade. Elas devem ser criadas espontaneamente em torno de um objetivo comum, mas mantendo-se sempre a independência do cooperado na execução dos serviços. Fica descaracterizada a situação de cooperado se a hipótese versa sobre trabalhador rural que presta serviços, pessoalmente, a empregador na colheita do café mediante salário e sujeito à liderança do turmeiro, participando integrativamente desse processo produtivo empresarial, embora formalmente compusesse o quadro de uma cooperativa (TRT 3ª R., RO 3079/87, Red. Juíza Alice Monteiro de Barros, j. 14-10-97).

Trabalho rural. Falsa cooperativa. Fraude. A contratação, direção e remuneração de trabalhadores rurais por meio de falsa cooperativa interposta é ilegal, formando-se o vínculo de emprego diretamente com a empresa rural tomadora de serviços. Inteligência dos artigos 2º, 3º e 4º da Lei n. 5.889/73 e 9º da Consolidação das Leis do Trabalho (TRT da 8ª R., 3ª T. RO 1.285/98, j. 1-7-98, Rel. Juiz José Maria Quadros de Alencar, *DO* PA 3.7.98, p. 2).

As fraudes têm ocorrido com muito maior incidência na área rural, principalmente nas lavouras de café e cana-de-açúcar.

É lícito o trabalho rural avulso, desde que intermediado pelo sindicato, nos locais em que não se utilize constantemente de mão-de-obra em toda a safra.

16
DIREITOS DOS COOPERADOS

Estabelece o art. 7º da Lei n. 12.690/2012 que "a Cooperativa de Trabalho deve garantir aos sócios os seguintes direitos, além de outros que a Assembleia Geral venha a instituir". O art. 7º estabelece que a Cooperativa de Trabalho deve garantir aqueles direitos, mas faz referência a "além de outros". Isso mostra que os direitos contidos no art. 7º são mínimos. Visam à dignidade do trabalho do cooperado. Os outros direitos que a Assembleia Geral poderá instituir serão melhores dos que os já previstos em lei, e não piores. Os direitos previstos na Lei n. 12.690/2012 são direitos mínimos, regras mínimas de proteção, que podem ser ampliados, mas não diminuídos. São regras de proteção ao trabalhador cooperado ou de inserção social. São estabelecidos direitos sociais (art. 3º, VIII, da Lei n. 12.690/2012), de acordo com o valor social do trabalho. São direitos fundamentais mínimos, garantias mínimas ao cooperado.

Os direitos serão estabelecidos pela Assembleia Geral, de forma democrática, com a participação dos cooperados, e não pelo Estatuto da cooperativa.

A Assembleia deve instituir os direitos. Não se trata de faculdade da Assembleia, pois não emprega o verbo poder, no sentido de que pode instituir.

O cooperado tem direito a retiradas, e não salário, não inferiores ao piso da categoria profissional e, na ausência deste, não inferiores ao salário mínimo, calculadas de forma proporcional às horas trabalhadas ou às atividades desenvolvidas (art. 7º, I, da Lei n. 12.690/2012). Se a categoria tem piso salarial, como enfermeiros e auxiliares, deve ser observado na contratação do cooperado, inclusive de forma proporcional às horas trabalhadas. Caso não exista piso salarial para a categoria, deve ser observado o salário mínimo mensal ou o salário mínimo horário. Retirada ocorria quando da demissão, eliminação ou exclusão do associado (art. 21, III, da Lei n. 5.764/71).

A retirada ou *pro labore* é o pagamento mensal feito ao cooperado. Cooperativa não tem categoria econômica, pois não exerce atividade econômica com finalidade de lucro.

Pagar remuneração mínima é difícil nas pequenas cooperativas, que não são iguais às grandes. Solução pode ser carência até ter condições produtivas determinada na Assembleia Geral.

A duração do trabalho normal do cooperado não pode ser superior a 8 horas diárias e 44 horas semanais, exceto quando a atividade, por sua natureza, demandar a prestação de trabalho por meio de plantões ou escalas, facultada a compensação de horários (art. 7º, II, da Lei n. 12.690/2012). A jornada do cooperado será de 8 horas. O módulo semanal será de 44 horas semanais. O módulo mensal será de 220 horas. Poderá ser feita a compensação de horas, de modo que o cooperado trabalhe mais de 8 horas por dia e não trabalhe, por exemplo, no sábado. A compensação tem de ser feita na semana. Não existe previsão legal de adotar banco de horas, de compensar dentro do período de um ano. Não existe previsão legal de pagamento de horas extras ou de adicional de horas extras, mas isso poderá ser previsto no Estatuto da cooperativa. No caso de plantões e escalas, como ocorre com o pessoal que trabalha em hospitais, será possível adotar outra jornada, como a comum de 12 x 36, mas deve ser observado o módulo mensal de 220 horas. É comum serem feitos 15 plantões por mês, totalizando 180 horas. Não será possível fazer plantões de mais de 220 horas por mês por um mesmo cooperado de uma cooperativa.

Faz jus o cooperado a repouso semanal remunerado, preferencialmente aos domingos (art. 7º, III, da Lei n. 12.690/2012). A regra da Lei n. 12.690/2012 repete o inciso XV do art. 7º da Constituição com a mesma redação. O repouso semanal é obrigatório. Não deve apenas ser concedido. Deve ser remunerado. A preferência é a sua concessão aos domingos, mas poderá ser concedido em outro dia, caso haja necessidade do cooperado trabalhar aos domingos, como ocorre nos hospitais. Haverá em torno de quatro descansos semanais remunerados no mês. O acréscimo para os tomadores será de 14,28% (1:7). O descanso semanal remunerado tem de ser pago em separado. A Assembleia pode prever que domingos trabalhados sem folga compensatória serão pagos em dobro.

O cooperado também passa a ter direito a repouso anual remunerado (art. 7º, IV, da Lei n. 12.690/2012). A Lei n. 12.690/2012 emprega a expressão *repouso anual remunerado*, que corresponde às férias do empregado. Empregado tem férias. Cooperado faz jus a repouso anual remunerado. O cooperado também faz jus a um descanso anual, por se tratar de norma de saúde, como ocorre com os empregados. Depois de 12 meses o cooperado também pode estar cansado e precisar de um descanso. O repouso deveria ser de 30 dias, como em relação aos empregados, mas a lei não trata do tema, ficando a cargo da Assembleia Geral especificar o número de dias de repouso. De qualquer forma, o repouso anual será remunerado. Não poderá deixar de ser remunerado. O cooperado irá gozar do repouso. Não poderá vender dias para esse fim, como ocorre na CLT. O repouso anual remunerado não será acrescido de um terço, por falta de previsão legal, salvo se a Assembleia Geral assim decidir. O ideal seria que o repouso fosse concedido após 12 meses de trabalho. Entretanto, caberá à Assembleia Geral definir o período aquisitivo do repouso, pois a lei não o fez. A regra da proporcionalidade das férias somente se verifica quando o empregado é dispensado ou pede demissão. Essa proporcionalidade poderá ser calculada quando o cooperado se desligar da cooperativa, de acordo com o que for previsto na Assembleia Geral. Não há previsão legal de pagamento em dobro do repouso anual não concedido no período concessivo.

A Lei n. 12.690/2012 não dispõe que os feriados trabalhados sem folga compensatória devem ser pagos em dobro. A Assembleia pode prever tal situação.

A retirada para o trabalho noturno deve ser superior à do diurno (art. 7º, V, da Lei n. 12.690/2012). É uma regra parecida com a do inciso IX do art. 7º da Constituição que prevê "remuneração do trabalho noturno superior à do diurno". Tratando-se de cooperado, a palavra correta é *retirada*, pois o cooperado não tem salário. Não há previsão legal de pagamento de adicional noturno de 20%, como na CLT. A Assembleia Geral deverá definir a forma de remuneração do trabalho noturno, inclusive o adicional, e o que será considerado como trabalho noturno, inclusive se haverá hora noturna reduzida.

Tem direito o cooperado a adicional sobre a retirada para as atividades insalubres ou perigosas (art. 7º, VI, da Lei n. 12.690/2012). O cálculo é feito sobre a retirada. Não poderá, portanto, ser calculado sobre o salário mínimo. Não existe previsão em lei sobre qual é o adicional para atividades insalubres ou perigosas, como ocorre na CLT. Caberá à Assembleia Geral estabelecer qual é o adicional.

Faz jus o cooperado a seguro de acidente de trabalho (art. 7º, VII, da Lei n. 12.690/2012). O seguro deverá ser feito pela cooperativa. O seguro contra acidentes de trabalho tem característica privada. Não se trata de seguro para o custeio de prestação acidentária da Previdência Social. O seguro é em relação a acidente do trabalho, e não quanto a acidentes pessoais ou por morte. O ideal é incluir a cobertura na apólice de seguro por acidente do trabalho em que ocorra a morte e também invalidez. O cooperado é autônomo. Não tem direito a prestações de acidente de trabalho.

Pela Lei n. 12.690/2012, não há direito do cooperado ao 13º salário, salvo se a Assembleia Geral o instituir.

Não são devidos os direitos de repouso semanal remunerado e repouso anual remunerado nos casos em que as operações entre o sócio e a cooperativa sejam eventuais, salvo decisão assemblear em contrário (§ 1º do art. 7º da Lei n. 12.690/2012). Se o trabalhador é eventual, não precisa de descanso anual ou de repouso semanal, pois não trabalha todos os dias.

Deverá deliberar a Cooperativa de Trabalho, anualmente, na Assembleia Geral Ordinária, sobre a adoção ou não de diferentes faixas de retirada dos sócios (art. 14 da Lei n. 12.690/2012). A Assembleia poderá deliberar pela não adoção de diferentes faixas de retirada entre os sócios, pois podem existir muitas funções diferentes. No caso de fixação de faixas de retirada, a diferença entre as de maior e as de menor valor deverá ser fixada na Assembleia (parágrafo único do art. 14 da Lei n. 12.690/2012).

Buscará a Cooperativa de Trabalho meios, inclusive mediante provisionamento de recursos, com base em critérios que devem ser aprovados em Assembleia Geral, para assegurar os direitos previstos nos incisos I, III, IV, V, VI e VII do art. 7º da Lei n. 12.690/2012 e outros que a Assembleia Geral venha a instituir (§ 2º do art. 7º da Lei n. 12.690/2012).

A Cooperativa de Trabalho, além dos fundos obrigatórios previstos em lei, poderá criar, em Assembleia Geral, outros fundos, inclusive rotativos, com recursos destinados a fins específicos, fixando o modo de formação, custeio, aplicação e liquidação (§ 3º do art. 7º da Lei n. 12.690/2012).

Constituída a Cooperativa de Trabalho sob a forma de produção, quando tiver sócios que contribuem com trabalho para a produção em comum de bens e a cooperativa detém, a qualquer título, os meios de produção, poderá, em Assembleia Geral Extraordinária, estabelecer carência na fruição dos direitos previstos nos incisos I e VII do *caput* deste artigo (§ 5º do art. 7º da Lei n. 12.690/2012).

As atividades identificadas com o objeto social da cooperativa de serviço, quando constituída por sócios para a prestação de serviços especializados a terceiros, sem a presença dos pressupostos da relação de emprego, se prestadas fora do estabelecimento da cooperativa, deverão ser submetidas a uma coordenação com mandato nunca superior a um ano ou ao prazo estipulado para a realização dessas atividades, eleita em reunião específica pelos sócios que se disponham a realizá-las, em que serão expostos os requisitos para sua consecução, os valores contratados e a retribuição pecuniária de cada sócio partícipe (§ 6º do art. 7º da Lei n. 12.690/2012). O coordenador, que é o gestor, deverá, portanto, ter mandato, que não poderá ser superior a um ano ou ao prazo para a realização das atividades. Não há proibição de reeleição, que deverá ser votada na Assembleia Geral.

As cooperativas de trabalho devem observar as normas de saúde e segurança do trabalho previstas na legislação em vigor e em atos normativos expedidos pelas autoridades competentes (art. 8º da Lei n. 12.690/2012). Isso implica que as cooperativas de trabalho devem observar as regras da CLT sobre segurança e saúde no trabalho, assim como a Portaria n. 3.214/78 do Ministério do Trabalho, que estabelece as normas regulamentadoras sobre medicina e segurança do trabalho.

O contratante da Cooperativa de Trabalho prevista no inciso II do *caput* do art. 4º da Lei n. 12.690/2012 responde solidariamente pelo cumprimento das normas de saúde e segurança do trabalho quando os serviços forem prestados no seu estabelecimento ou em local por ele determinado (art. 9º da Lei n. 12.690/2012). O contratante da cooperativa de trabalho não responde solidariamente nos demais casos, como em relação aos direitos dos cooperados.

A Cooperativa de Trabalho que presta serviços e que for constituída antes da vigência da Lei n. 12.690/2012 terá prazo de 12 meses, contado de sua publicação, para assegurar aos sócios as garantias previstas nos incisos I, IV, V, VI e VII do *caput* do art. 7º da Lei n. 12.690/2012, conforme deliberado em Assembleia Geral (art. 28 da Lei n. 12.690/2012). Para as cooperativas de serviços criadas a partir da vigência da Lei n. 12.690/2012, os direitos dos cooperados são devidos de imediato.

Não há dúvida que o cooperado deve ter direitos. Não se está aqui criticando a Lei n. 12.690/2012 pelo fato de ter estabelecido direitos aos cooperados, pois são garantias mínimas do cooperado. O que se está criticando é que o diferencial na contratação de cooperados era justamente não ter piso da categoria profissional, horas extras etc. A partir do momento em que o custo da contratação da cooperativa aumenta, é melhor contratar uma empresa de trabalho temporário, de limpeza e conservação ou até registrar o trabalhador como empregado. Pode ocorrer de muitas empresas deixarem de contratar os cooperados em razão do aumento dos custos na contratação das cooperativas de trabalho, além de evitar riscos de ações trabalhistas.

O art. 7º da Lei n. 12.690/2012 pode diminuir o risco com a concessão dos direitos aos cooperados. Pode evitar concorrência desleal na concessão dos direitos. Reconhece a dignidade do trabalhador cooperado, ao reconhecer seus direitos mínimos.

O juiz do trabalho pode entender que o trabalhador é empregado por receber certos direitos previstos no art. 7º da Lei n. 12.690/2012, por serem os mesmos direitos dos empregados, como horas extras, piso salarial, adicional noturno, de insalubridade, de periculosidade.

A jornada de trabalho e o pagamento de horas extras pode mostrar que há subordinação, e não autonomia do trabalhador.

A diferença entre os direitos do cooperado e do empregado foi diminuída. Houve aproximação entre os dois regimes.

Substituição processual é a legitimidade extraordinária que permite que alguém postule direito alheio em nome próprio nas hipóteses previstas em lei.

O inciso XI do art. 21 da Lei n. 5.764/71 permite à cooperativa o poder para agir como substituta processual de seus associados, na forma do art. 88-A. A cooperativa poderá ser dotada de legitimidade extraordinária autônoma concorrente para agir como substituta processual em defesa dos direitos coletivos de seus associados quando a causa de pedir versar sobre atos de interesse direto dos associados que tenham relação com as operações de mercado da cooperativa, desde que isso seja previsto em seu estatuto e haja, de forma expressa, autorização manifestada individualmente pelo associado ou por meio de assembleia geral que delibere sobre a propositura da medida judicial (art. 88-A da Lei n. 5.764/71). A condição estabelecida é *alternativa*, tanto pode ser mediante autorização individual do associado, como por meio de decisão em assembleia geral que delibere sobre a propositura da medida judicial.

17
PROGRAMA NACIONAL DE FOMENTO ÀS COOPERATIVAS DE TRABALHO

É instituído, no âmbito do Ministério do Trabalho e Emprego, o Programa Nacional de Fomento às Cooperativas de Trabalho (Pronacoop), com a finalidade de promover o desenvolvimento e a melhoria do desempenho econômico e social da Cooperativa de Trabalho (art. 19 da Lei n. 12.690/2012).

O Pronacoop tem como finalidade apoiar:

- a produção de diagnóstico e o plano de desenvolvimento institucional para as Cooperativas de Trabalho dele participantes;
- a realização de acompanhamento técnico visando ao fortalecimento financeiro, de gestão, de organização do processo produtivo ou de trabalho, bem como à qualificação dos recursos humanos;
- a viabilização de linhas de crédito;
- o acesso a mercados e à comercialização da produção;
- o fortalecimento institucional, a educação cooperativista e a constituição de cooperativas centrais, federações e confederações de cooperativas;
- outras ações que venham a ser definidas por seu Comitê Gestor.

É criado o Comitê Gestor do Pronacoop, com as seguintes atribuições (art. 20 da Lei n. 12.690/2012):

- acompanhar a implementação das ações previstas na Lei n. 12.690/12;
- estabelecer as diretrizes e metas para o Pronacoop;
- definir as normas operacionais para o Pronacoop;
- propor o orçamento anual do Pronacoop.

O Comitê Gestor terá composição paritária entre o governo e as entidades representativas do cooperativismo de trabalho (§ 1º do art. 20 da Lei n. 12.690/2012).

O número de membros, a organização e o funcionamento do Comitê Gestor serão estabelecidos em regulamento (§ 2º do art. 20 da Lei n. 12.690/2012).

O Ministério do Trabalho e Emprego poderá celebrar convênios, acordos, ajustes e outros instrumentos que objetivem a cooperação técnico-científica com órgãos do setor público e entidades privadas sem fins lucrativos, no âmbito do Pronacoop (art. 21 da Lei n. 12.690/2012).

As despesas decorrentes da implementação do Pronacoop correrão à conta das dotações orçamentárias consignadas anualmente ao Ministério do Trabalho e Emprego (art. 22 da Lei n. 12.690/2012).

Os recursos destinados às linhas de crédito do Pronacoop serão provenientes:

- do Fundo de Amparo ao Trabalhador (FAT);

- de recursos orçamentários da União; e

- de outros recursos que venham a ser alocados pelo poder público.

O Conselho Deliberativo do Fundo de Amparo ao Trabalhador (Codefat) definirá as diretrizes para a aplicação, no âmbito do Pronacoop, dos recursos oriundos do Fundo de Amparo ao Trabalhador (FAT).

As instituições financeiras autorizadas a operar com os recursos do Pronacoop poderão realizar operações de crédito destinadas a empreendimentos inscritos no Programa sem a exigência de garantias reais, que poderão ser substituídas por garantias alternativas, observadas as condições estabelecidas em regulamento (art. 24 da Lei n. 12.690/2012).

É instituída a Relação Anual de Informações das Cooperativas de Trabalho (RAICT), a ser preenchida pelas Cooperativas de Trabalho, anualmente, com informações relativas ao ano-base anterior (art. 26 da Lei n. 12.690/2012).

O Poder Executivo regulamentará o modelo de formulário da RAICT, os critérios para entrega das informações e as responsabilidades institucionais sobre a coleta, processamento, acesso e divulgação das informações (parágrafo único do art. 26 da Lei n. 12.690/2012).

18
FISCALIZAÇÃO TRABALHISTA

18.1 FISCALIZAÇÃO

A Portaria n. 925, de 28 de setembro de 1995, do Ministro do Estado do Trabalho, dispõe sobre a fiscalização do trabalho na empresa tomadora de serviço de sociedade cooperativa. Tal portaria foi editada principalmente diante das fraudes que podem ocorrer em tais sociedades, a respeito da existência do vínculo de emprego, como se observa do art. 1º da referida norma, que estabelece que a fiscalização procederá a "levantamento físico objetivando detectar a existência dos requisitos da relação de emprego entre a empresa tomadora e os cooperados, nos termos do artigo 3º da CLT".

O § 1º do art. 1º da citada norma estabelece que "presentes os requisitos do artigo 3º da CLT, ensejará a lavratura de auto de infração" pelo fiscal. Entendo inconstitucional tal determinação, uma vez que o fiscal de trabalho não tem competência para dizer se existe ou não o vínculo de emprego, o que só pode ser feito pela Justiça do Trabalho (art. 114 da Constituição). Há, portanto, direito líquido e certo a ser amparado por mandado de segurança contra o fiscal do trabalho, que não tem poderes constitucionais para reconhecer vínculo de emprego. A competência para essa ação será da Justiça do Trabalho.

Na jurisprudência, verifica-se acórdão no mesmo sentido:

Fiscal do Trabalho. Competência funcional. Limites. Usurpação de atividade jurisdicional.

Se os auditores fiscais têm por obrigação assegurar, em todo território nacional, o cumprimento das disposições legais e regulamentares no âmbito das relações de trabalho e de emprego – e esta atribuição obedece ao princípio da legalidade –, daí, entretanto, não se infere que possuam competência para lavrar autos de infração assentados em declaração de existência de contrato de emprego, derivado unicamente de sua apreciação da situação fática subjacente. A transmutação da natureza jurídica dos diversos tipos do contrato que envolvem a prestação de serviços – como os de prestação ou locação de serviços, de empreitada e outros, inclusive que decorre de associação cooperativa – em contratos individuais de trabalho, depende de declaração expressa, que constitui em atividade jurisdicional, exclusiva do Poder Judiciário. Recurso Ordinário provido, para se conceder a segurança (TRT 2ª R., SDI – 1, Processo 01096.2006.017.02.00-8, Rel. Maria Aparecida Duenhas).

Reza o § 2º do art. 1º da norma administrativa que o fiscal irá observar alguns requisitos para constatar se a sociedade é realmente cooperativa: a) número mínimo de 20 associados; b) capital variável, representado por cota-partes para cada associado; c) limitação do número de cota-partes para cada associado; d) singularidade de voto, podendo as cooperativas centrais, federações e confederações de cooperativas, exceção feita às de crédito, optar pelo critério da proporcionalidade; e) quórum para as assembleias, baseado no número de associados e não no capital; f) retorno das sobras líquidas do exercício, proporcionalmente às operações realizadas pelo associado; g) prestação de assistência ao associado; h) fornecimento de serviços a terceiros atendendo a seus objetivos sociais. Esses requisitos são previstos na Lei n. 5.764/71.

Cabe ao Ministério do Trabalho e Emprego, no âmbito de sua competência, a fiscalização do cumprimento do disposto na Lei n. 12.690/2012 (art. 17). O Ministério do Trabalho, por meio dos seus auditores fiscais, terá competência, segundo a Lei n. 12.690/2012, para verificar se se trata de verdadeira cooperativa de trabalho.

A Cooperativa de Trabalho que intermediar mão de obra subordinada e os contratantes de seus serviços estarão sujeitos à multa de R$ 500,00 por trabalhador prejudicado, dobrada na reincidência, a ser revertida em favor do Fundo de Amparo ao Trabalhador (FAT) (§ 1º do art. 17 da Lei n. 12.690/2012). A lei passou a estabelecer multa em caso de a cooperativa de trabalho intermediar mão de obra. Não havia previsão nesse sentido anteriormente. A multa é de R$ 500,00 por trabalhador prejudicado. Será dobrada na reincidência no mesmo procedimento. Fica claro que a multa será revertida ao Fundo de Amparo ao Trabalhador.

Presumir-se-á intermediação de mão de obra subordinada a relação contratual estabelecida entre a empresa contratante e as Cooperativas de Trabalho que não cumprirem com as atividades identificadas com o objeto social da cooperativa de serviço, quando constituída por sócios para a prestação de serviços especializados a terceiros, sem a presença dos pressupostos da relação de emprego, se prestadas fora do estabelecimento da cooperativa, deverão ser submetidas a uma coordenação com mandato nunca superior a um ano ou ao prazo estipulado para a realização dessas atividades, eleita em reunião específica pelos sócios que se disponham a realizá-las, em que serão expostos os requisitos para sua consecução, os valores contratados e a retribuição pecuniária de cada sócio partícipe (§ 6º do art. 7º da Lei n. 12.690/2012) (§ 2º do art. 17 da Lei n. 12.690/2012). A presunção é relativa e não absoluta, admitindo prova em sentido contrário.

As penalidades serão aplicadas pela autoridade competente do Ministério do Trabalho e Emprego, de acordo com o estabelecido no Título VII da CLT (§ 3º do art. 17 da Lei n. 12.690/2012). As penalidades são aplicadas pelo Superintendente Regional do Trabalho. O Título VII da CLT compreende os arts. 626 a 642.

A constituição ou utilização de Cooperativa de Trabalho para fraudar deliberadamente a legislação trabalhista, previdenciária e a Lei n. 12.690/2012 acarretará aos responsáveis as sanções penais, cíveis e administrativas cabíveis, sem prejuízo da ação judicial visando à dissolução da Cooperativa (art. 18 da Lei n. 12.690/2012). A ação para a dissolução da cooperativa será proposta perante a Justiça Comum, e não na Justiça do Trabalho, pois diz respeito a situação associativa e não a relação de trabalho.

Fica inelegível para qualquer cargo em Cooperativa de Trabalho, pelo período de até cinco anos, contado a partir da sentença transitada em julgado, o sócio, dirigente ou o administrador condenado pela prática das fraudes elencadas no *caput* do art. 18 da Lei n. 12.690/2012 (§ 2º do art. 18 da Lei n. 12.690/2012).

A Justiça do Trabalho será competente para examinar a discussão sobre a relação de emprego entre o trabalhador e a cooperativa ou entre o trabalhador e o tomador. Os direitos do cooperado, em verdadeira relação cooperada, serão examinados pela Justiça Estadual, por falta de lei atribuindo tal competência à Justiça do Trabalho (art. 114, IX, da Constituição).

18.2 MINISTÉRIO PÚBLICO DO TRABALHO

Indica o inciso III do art. 129 da Constituição que são funções do Ministério Público promover o inquérito civil público e a ação civil pública, visando proteger os interesses difusos e coletivos.

O Ministério Público do Trabalho pode propor inquérito civil público (art. 84, II, da Lei Complementar n. 75/93). Determina o inciso III do art. 83 da Lei Complementar n. 75/93 que o Ministério Público do Trabalho pode promover a ação civil pública no âmbito da Justiça do Trabalho, para a defesa de interesses coletivos, quando desrespeitados os direitos sociais constitucionalmente garantidos. Não é, portanto, em qualquer caso, mas apenas se forem descumpridos os direitos sociais previstos na Constituição.

A ação civil pública terá por objeto a defesa de interesses difusos e coletivos (art. 129, III, da Lei Fundamental) quando forem desrespeitados direitos trabalhistas previstos constitucionalmente.

As palavras *interesses* e *direitos* são empregadas na Lei n. 8.078/90 como sinônimas, pois ela utiliza a conjunção alternativa *ou*. Interesses ou direitos difusos são os transindividuais, de natureza indivisível, de que sejam titulares pessoas indeterminadas e ligadas por circunstâncias de fato (art. 81, I, da Lei n.

8.078/90). Afirma Ada Pellegrini Grinover que "os interesses difusos não são interesses públicos no sentido tradicional da palavra, mas antes interesses privados, de dimensão coletiva"[1]. São exemplos no processo do trabalho o ajuizamento da ação civil pública em relação à não observância pela Administração Pública de concurso público para admissão de empregados públicos, de vagas para deficientes (art. 93 da Lei n. 8.213/91) e aprendizes (art. 429 da CLT).

Interesses ou direitos coletivos são os transindividuais de natureza indivisível de que seja titular grupo, categoria ou classe de pessoas ligadas entre si ou com a parte contrária por uma relação jurídica base (art. 81, II, da Lei n. 8.078/90)[2]. Indivisível é o que não pode ser repartido sem a alteração de sua substância. As pessoas são determináveis. Interesses coletivos são dos membros de uma associação, sindicato, dos condôminos de um edifício, dos acionistas da sociedade anônima etc. A ação civil pública seria proposta para questões de meio ambiente do trabalho[3].

Interesses ou direitos individuais homogêneos são os decorrentes de origem comum (art. 81, III, da Lei n. 8.078/90), de um mesmo fato[4]. Têm uniformidade de aplicação. Os titulares dos direitos são identificáveis. Há possibilidade de determinação imediata de quais membros da coletividade foram atingidos. Leciona Hugo Nigro Mazzilli que os interesses individuais homogêneos "são aqueles de grupo, categoria ou classe de pessoas determinadas ou determináveis, que compartilhem prejuízos divisíveis, de origem comum, oriundos das mesmas circunstâncias de fato"[5]. No reconhecimento de vínculo de emprego, em ação civil pública, não há interesse ou direitos individuais homogêneos, pois as circunstâncias de fato podem não ser as mesmas: cada caso é um caso. Uns podem ser empregados e outros podem ser cooperados. Não se pode declarar na ação civil pública que todos os trabalhadores são empregados ou que devam ser anotadas as Carteiras de Trabalho de todos os trabalhadores, pois os interesses ou direitos são individuais em relação a cada trabalhador, mas não são homogêneos. Há necessidade de prova individual para cada trabalhador envolvido. Os trabalhadores não são

---

1. GRINOVER, Ada Pellegrini. *Ações coletivas para a tutela do ambiente dos consumidores*. Seleções Jurídicas: COAD, set. 1986, p. 4.
2. A redação do inciso I do parágrafo único do art. 21 da Lei n. 12.016/2009 é semelhante em relação ao mandado de segurança: direitos coletivos são os transindividuais, de natureza indivisível, de que seja titular grupo ou categoria de pessoas ligadas entre si ou com a parte contrária por uma relação jurídica básica. No CDC ainda se faz referência a classe e relação jurídica base.
3. MARTINS, Sergio Pinto. *Direito processual do trabalho*. 41. ed. São Paulo: Saraiva, 2024, p. 815.
4. A redação do inciso II do parágrafo único do art. 21 da Lei n. 12.016/2009 menciona que direitos individuais homogêneos são "os decorrentes de origem comum e da atividade ou situação específica da totalidade ou de parte dos associados ou membros do impetrante".
5. MAZZILLI, Hugo Nigro. *A defesa dos interesses difusos em juízo*. 12. ed. São Paulo: Revista dos Tribunais, 2000, p. 47-48.

individualizados na ação civil pública nem o Ministério Público do Trabalho sabe quem são eles individualmente. Pode não existir a mesma situação de fato para cada trabalhador, pois uns podem ser mesmo empregados e outros podem ser cooperados.

Não poderá ser proposta ação postulando direitos diversos dos constitucionalmente previstos aos trabalhadores, ainda que sejam direitos difusos, como relativos ao meio ambiente, ao consumidor, ao patrimônio artístico, estético, histórico, turístico ou paisagístico. Tem, portanto, a ação civil pública um interesse geral a ser tutelado no que diz respeito aos direitos constitucionais trabalhistas dos trabalhadores.

As hipóteses para o ajuizamento da ação civil pública estão contidas apenas no inciso III do art. 83 da Lei Complementar n. 75/93, que prevê a promoção da "ação civil pública no âmbito da Justiça do Trabalho, para defesa de interesses coletivos, quando desrespeitados os direitos sociais constitucionalmente garantidos". Seria cabível, por exemplo, o ajuizamento da ação civil pública para o cumprimento do pagamento do salário mínimo, da não exigência de trabalho de menor de 16 anos ou de trabalho escravo por parte da empresa, de um ambiente de trabalho saudável e seguro contra acidente do trabalho.

Nos casos em que se discute vínculo de emprego, envolvendo cooperados, o Ministério Público do Trabalho não tem legitimidade para propor ação civil pública contra as empresas que desrespeitam a legislação trabalhista, pois a questão é individual e não coletiva, nem diz respeito a direitos difusos. Reconhecimento de vínculo de emprego não tem previsão nos incisos do art. 7° da Constituição.

Rodolfo de Camargo Mancuso[6] indica características básicas dos interesses difusos: a) indeterminação dos sujeitos, decorrente da inexistência de um vínculo jurídico aglutinador dos sujeitos, em virtude de situações de fato. No caso das cooperativas, os trabalhadores são determinados; b) indivisibilidade do objeto, evidenciada na impossibilidade de participação do objeto em quotas atribuíveis a pessoas ou grupos. A lesão do bem atinge a todos e a reparação em relação a um satisfaz a todos. No caso dos cooperados, a reparação a um não satisfaz os demais. A questão é individual.

Tem o Ministério Público do Trabalho legitimidade para apresentar o inquérito civil público e a ação civil pública para verificar se o ente público vem realizando concursos públicos para a admissão de funcionários (art. 37, II, da Constituição), mas não para questão pertinente a direitos individuais, ainda

---

6. MANCUSO, Rodolfo de Camargo. *Interesses difusos*. 2. ed. São Paulo: Revista dos Tribunais, 1991, p. 67 a 80.

que plúrimos, por compreender prova específica para cada trabalhador. Alguns trabalhadores podem ser realmente empregados e outros não serem. A questão exige prova específica e individual para cada caso.

Há jurisprudência indicando que o Ministério Público não pode atuar quando a questão compreender situação personalíssima do trabalhador:

> A Lei Complementar n. 75 regulamentou a atuação do Ministério Público do Trabalho via ação civil pública. A ação ajuizada em 12/1991, pretérita à existência da lei, produz a ilegitimidade do Ministério Público. Não cabe a propositura de ação civil pública com intuito reparatório e para demonstrar a existência de pessoalidade e subordinação na órbita das relações de trabalho, eis que interesses individuais e determinados ou determináveis. O Ministério Público não tem legitimidade para defender interesses relacionados a direitos que não sejam difusos ou coletivos, em especial por não tratar-se de cumprimento de obrigação de fazer preexistente (TST, RR 261242/96.4, Rel. Min. Antônio Fábio Ribeiro, *DJ* 9-4-1999).

> ILEGITIMIDADE *AD CAUSAM* DO MINISTÉRIO PÚBLICO DO TRABALHO – INCISO III DO ART. 83 DA LEI COMPLEMENTAR 75/93. A Lei Complementar 75, de 20 de maio de 1993; atribui ao Ministério Público a competência para promover ação civil pública para a proteção de interesses individuais indisponíveis, homogêneos, sociais, difuso e coletivos (art. 6º, alínea *d*). No entanto, especificamente quanto ao Ministério Público do Trabalho, estabelece o art. 83, em seu inc. III da Lei Complementar 75/93, que compete a este órgão promover a ação civil pública no âmbito da Justiça do Trabalho, para defesa de interesses coletivos, quando desrespeitados direitos sociais, constitucionalmente garantidos. Portanto, não há previsão legal expressa atribuindo legitimidade do Ministério Público do Trabalho para a defesa de direitos individuais homogêneos. Recurso de revista, conhecido e provido para extinguir o processo de acordo com o disposto no inciso IV do art. 267 do CPC (TST, 3ª T., RR 411.239, j. 22-8-2001, rel. Min. Carlos Alberto Reis de Paula, *DJU* 14-9-2001, p. 475).

> AÇÃO CIVIL PÚBLICA. INTERESSES INDIVIDUAIS HOMOGÊNEOS. MINISTÉRIO PÚBLICO DO TRABALHO. ILEGITIMIDADE. Conquanto irrefutável o cabimento de ação civil pública na Justiça do Trabalho, trata-se de instituto concebido eminentemente para a tutela de interesses coletivos e difusos, quando desrespeitados os direitos sociais constitucionalmente garantidos. Ao órgão do Ministério Público do Trabalho não é dado manejá-la em defesa de interesses individuais homogêneos, cuja metaindividualidade exsurge apenas na forma empregada para a defesa em juízo. Embora de origem comum, trata-se de direitos materialmente divisíveis, razão pela qual a reparação decorrente da lesão sofrida pelo titular do direito subjetivo é sempre apurável individualmente. Exegese que se extrai da análise conjunta dos artigos 129, inciso III, da Constituição da República de 1988 c/c 83 da Lei Complementar n. 75/93. Embargos de que não se conhece (TST, SDI, ERR 596135/1999, j. 30-9-2002, Rel. Juiz convocado Georgenor de Souza Franco Filho).

> RECURSO DE REVISTA. AÇÃO CIVIL PÚBLICA. ILEGITIMIDADE *AD CAUSAM* DO MINISTÉRIO PÚBLICO DO TRABALHO. TUTELA DE INTERESSES INDIVIDUAIS HOMOGÊNEOS. O art. 83, III, da Lei Complementar n. 75/1993 confere competência ao Ministério Público do Trabalho para promover ação civil pública somente para a tutela de "interesses coletivos, quando desrespeitados os direitos sociais, constitucionalmente garantidos", não se enquadrando nessa hipótese os direitos de empregados de determinada empresa, consistentes na anotação da CTPS e na efetivação do pagamento de rescisão contratual no prazo estabelecido no art.

477, § 6º, da CLT, bem como os depósitos fundiários oriundos dos respectivos contratos de trabalho postulados na condição de verba acessória, hipótese dos autos, por se tratarem de direitos individuais homogêneos, já que seus titulares podem ser facilmente individualizados (TST, 3ªT., RR 1108-1999-002-23-00, j. 27-8-2003, Rel. Juíza Convocada Dora Maria da Costa).

"... a mera reunião de interesses individuais de forma plúrima não importa na legitimação processual do 'parquet'" (TST, 1ªT., RR 700903/2000, j. 12-6-2002, Rel. juiz convocado Vieira de Mello Filho).

MINISTÉRIO PÚBLICO – ILEGITIMIDADE. O Ministério Público do Trabalho não possui legitimidade ativa para figurar como substituto processual de empregados vinculados a empresa específica, por ser incabível ação civil pública em matéria determinada, disponível e de interesse individual de competência originária de Junta de Conciliação e Julgamento (TRT 2ª R., 3ªT., RO 02930097323/1993, j. 31-5-1994, Rel. Juiz Décio Sebastião Daidone).

MINISTÉRIO PÚBLICO DO TRABALHO. AÇÃO CÍVIL PÚBLICA. AUSÊNCIA DE PRESSUPOSTOS. ILEGITIMIDADE. O Ministério Público do Trabalho não tem legitimidade para ajuizar Ação Civil Pública que tenha por objeto interesses individuais de determinado grupo de trabalhadores de uma empresa, os quais possam ser exercidos através de ação própria, para apreciação de cada caso concreto. Ausentes, portanto, os pressupostos legais, confirma-se a decisão de primeiro grau que extinguiu o feito sem julgamento do mérito, na forma do artigo 267, VI, do CPC (TRT 14ª R., RO 0758/2001, j. 11-5-2001, Rel. Juíza Flora Maria Ribas Araújo).

AÇÃO CIVIL PÚBLICA. LEGITIMIDADE DO MINISTÉRIO PÚBLICO. O Ministério Público do Trabalho é parte legítima para promover Ação Civil Pública em que se pleiteia a defesa coletiva de interesses individuais, uma vez que a referida ação tem por finalidade resguardar apenas os interesses coletivos e difusos (TRT 23ª R., RO 01278-2002-005-23-00, j. 18-3-2003, Rel. Juíza Maria Berenice).

Condenação imposta sob fundamento de serem os serviços terceirizados permanentes e indispensáveis à consecução dos objetos da empresa. Prova pericial apta a ensejar seguro critério de separação das atividades principais (atividade-fim) e indelegáveis das atividades de apoio (atividade-meio) terceirizadas. Exegese do art. 3º da CLT. Se, em tese, é possível terceirizar todos os serviços delegados a terceiros na recorrente – inexiste evidência ostensiva de fraude à legislação tutelar – constitui violência e manifesta interferência em sua autonomia de gestão obrigá-la, genericamente, a contratar empregados diretamente para tais tarefas, a par da imposição de contratação direta dos trabalhadores, para todos os postos de trabalho existentes na planta industrial e junto ao terminal de Rio Grande, implicar no desmonte de toda a estrutura econômica e de mercado de trabalho ali consolidada, com a falência das dezenas de pequenas empresas prestadoras dos serviços e imediata dispensa de centenas de trabalhadores. Invocação ao art. 8º da CLT. Improcedência da ação. Recurso provido (TRT 4ª, 1ªT., RO 00807.010/93-6, Rel. Juíza Carmen Camino, *DOE* RS de 10-4-2000).

CONTRATAÇÃO DE MOTOCICLISTAS ATRAVÉS DE INTERPOSTA PESSOA – ATIVIDADE-FIM DA RECLAMADA. Não há que se falar em irregularidade de contratação de serviços de motoqueiros por meio de cooperativas de trabalho, sob a alegação de referir-se tal trabalho na atividade-fim da tomadora de serviços, quando se constata que, na verdade, este é apenas um dos serviços disponibilizados por ela aos seus clientes. Não se vislumbrando qualquer irregularidade nos contratos celebrados, improcede a ação civil pública, que tem por objeto impor a desconstituição destes, para transmudá-los para a modalidade de contrato de trabalho, diretamente com a tomadora dos serviços (TRT 3ª R., 5ª T., RO 1999/02, rel. Juiz Emerson José Alves Lage, *DJ* MG 18-5-2002, p. 14).

AÇÃO CIVIL PÚBLICA – INTERESSES COLETIVOS – COOPERATIVA – RELAÇÃO DE EMPREGO – Para legitimar o Ministério Público do Trabalho para ação civil pública é necessário que se suponha tratar de interesses coletivos. Não são coletivos interesses que podem variar segundo a situação jurídica individualizada de cada membro do grupo, a depender da qualificação de cada um e da natureza do serviço a ser prestado. Por interesse coletivo de determinado grupo há que se distinguir entre a sua natureza pública ou privada, não se caracterizando aquele que se situa no campo do puro direito obrigacional, limitado a esfera pessoal de cada trabalhador. Discutir a existência da relação de emprego dos cooperados contratados para prestarem serviços a terceiros, através da Cooperativa de que participam, não se traduz em interesse coletivo. O coletivo que aqui se pode vislumbrar situa-se exclusivamente em questão de semântica, muitos são os cooperados que, entretanto, poderiam buscar, cada um de per si, sem qualquer abalo nas relações transindividuais, as suas reparações. A pendenga assim posta torna a natureza de litígio individual plúrimo, em que muitos são os interessados sem que haja, no entanto, interesse coletivo em jogo, para isso detém o Ministério Público do Trabalho legitimação (TRT 3ª, R. 2ª T., RO 12662/1998, j. 27-4-1999, Rel. Juiz Antonio Fernando Guimarães).

Ação Civil Pública. Cabimento. Há previsão legal que torna inquestionável o manejo da ação civil pública no âmbito da Justiça do Trabalho para a tutela de interesses difusos, coletivos e individuais homogêneos, quando desrespeitados direitos constitucionalmente garantidos. Todavia incabível a medida quando o que se pleiteia é a tutela de direitos materiais individualizáveis, que, não obstante a origem comum, impõem a aferição de circunstâncias pessoais de cada titular integrante do grupo ou da categoria. Constatando-se que as questões pessoais prevalecem e alteram potencialmente o direito, os interesses caracterizam-se como heterogêneos e não são tuteláveis por meio da ação civil pública, por impossibilidade jurídica do pedido (TRT 2ª R., 4ª T., RO 01557/2003, j. 3-8-2004, Rel. Juiz Paulo Augusto Câmara).

Em relação especificamente a cooperativas, há julgados que entendem que não pode ser proposta a ação civil pública:

COOPERATIVA DE PROFESSORES – AÇÃO CIVIL PÚBLICA – MINISTÉRIO PÚBLICO DO TRABA-LHO – POSSIBILIDADE DA AÇÃO – O Ministério Público do Trabalho ajuizou Ação Civil Pública com vistas a impedir que determinada cooperativa de professores contratasse pessoal sem assegurar o vínculo trabalhista. O TRT não admitiu a Ação, entendendo que se buscava, no caso, a defesa de interesses individuais. Dando parecer em recurso da Procuradoria Regional, o Subprocurador-Geral do Trabalho entendeu que, efetivamente, neste caso, a situação era relacionada a direitos individuais. A rigor, em face da indivisibilidade do Ministério Público, parecer contrário da Subprocuradoria implica verdadeira desistência do Recurso do procurador regional. Mas, optou-se por se negar provimento ao Recurso (TST, SBDI-2 ROACP 492.229/98, Rel. Min. José Luciano de Castilho Pereira, *DJ* 27-10-2000, p. 552).

O deferimento de liminar em Ação Civil Pública, visando obstar o Senac de contratar empregados, por intermédio de cooperativa, viola seu direito líquido e certo de se utilizar da prerrogativa legal inserida no art. 442, parágrafo único, da CLT, que faculta a prestação de serviços por meio de cooperativas, sem que isso expresse a existência de vínculo empregatício. A pretensão do Ministério Público do Trabalho esbarra em garantia fundamental inserida no artigo 5º, II, da Constituição Federal, uma vez que "ninguém será obrigado a fazer ou deixar de fazer alguma coisa senão em virtude de lei". Segurança definitivamente concedida (TRT 10ª R., MS 0140/99, Ac. TP, j. 21-7-1999, Rel. Juiz Braz Henrique de Oliveira, *LTr* 64-06/761).

Lícita a contratação de trabalhadores através de cooperativa de trabalho regularmente constituída, julga-se improcedente o pedido de proibição dessa forma de ajuste veiculado pelo Ministério Público do Trabalho, em sede de ação civil pública (TRT 3ª R., 2ª T., RO 19.317/00, rel. Juíza Alice Monteiro de Barros *DJ* MG 7-2-2001, p. 15).

Mesmo em relação a cooperativas, o TRT da 3ª Região julgou que:

AÇÃO CIVIL PÚBLICA. PLEITO DE PROIBIÇÃO DE CONTRATAR TRABALHADORES ATRAVÉS DE COOPERATIVAS DE TRABALHO. ALEGAÇÃO DE INTERESSES DIFUSOS A SEREM TUTELADOS. INEXISTÊNCIA DELES. ILEGITIMIDADE ATIVA DO MPT PARA A AÇÃO E EXTINÇÃO DO PROCESSO, SEM JULGAMENTO DE MÉRITO (art. 267, IV, do CPC). Não se pode negar que a ação civil pública, no contexto da moderna ordem jurídica em que se acolhe, valoriza e prestigia a universalização da tutela jurisdicional, é instrumento criativo e de induvidosa eficácia na solução dos conflitos envolvendo interesses difusos e coletivos, nas suas diversas modelagens. É ação pela qual o "parquet" desempenha a sua valiosa e relevantíssima função de defender a ordem jurídica que assegura aqueles direitos. Evidentemente se tiverem, de fato, o perfil de coletivos ou difusos, visto que os possíveis direitos de cooperados – como postos no presente feito –, são disponíveis, divisíveis, fracionários, não traduzindo qualquer anseio coletivo, metaindividual. Nada de difusos, consequentemente, visto que estes são direitos "transindividuais, de natureza indivisível, de que sejam titulares pessoas indeterminadas e ligadas por circunstâncias de fato" (Hugo Nigro Mazilli, "in" *A defesa dos interesses difusos em juízo.* 9. ed. Saraiva, p. 4-6). Especificamente quanto ao Ministério Público do Trabalho, imperioso ressaltar que o art. 83, III, da LC n. 75/93, atribui-lhe competência para promover a ação civil pública, no âmbito desta Justiça, para a defesa de interesses coletivos, quando vulnerados direitos sociais assegurados constitucionalmente daí se vendo que inexiste previsão legal expressa que lhe confira legitimidade para a defesa de direitos individuais homogêneos, esta sim, a espécie dos autos. Exatamente neste norte foi que o legislador complementar aprovou o Estatuto daquele órgão (LC n. 75/93), no qual, delimitando a sua competência funcional, conferiu-lhe atribuições específicas, dentre elas a de "promover a ação civil pública no âmbito da Justiça do Trabalho, para a defesa de interesses coletivos, quando desrespeitados os direitos sociais constitucionalmente garantidos" (art. 83, III). Ora, a ação civil pública é instrumento processual adequado para reprimir ou inibir danos ao meio ambiente, ao consumidor, a bens públicos e a direitos de valor artístico, estético, paleontológico, histórico, paisagístico etc., bem assim infrações à ordem econômica ou contrariedade a interesses difusos a sociedade (CR/88, art. 129, III). Claramente se vê, então, que a base e a razão da legitimidade conferida ao MP para manejo da ação civil pública está na efetiva existência de interesse coletivo a ser protegido, daí por que a indigitada ação civil pública não se presta para amparar, prevenir ou resguardar direitos individuais (ainda que plúrimos, pois evidente que isto não os transforma em direitos coletivos ou difusos!), nem se presta para eventual reparação de prejuízos causados a particulares, seja por conduta comissiva ou omissiva de alguém. É que não são coletivos (e nem difusos!), por óbvio, os interesses que podem variar segundo a situação fático-jurídica de cada membro do grupo (de cooperados, "in casu"), de cada uma das Cooperativas de Trabalho envolvidas na lide e de cada uma das empresas tomadoras dos serviços. Tudo, pois, a depender da qualificação de cada trabalhador, do tempo de contratação, do tipo de trabalho prestado, dos motivos das várias contratações havidas etc., etc. Portanto, cada contrato tem a sua fisionomia, o seu norte, a sua especificidade, o que desautoriza o imbróglio feito nestes autos, d.m.v. Em resumo: o caso de cada membro de cooperativa – e também de cada cooperativa – pode ser feita específica, tessitura fático-jurídica diferenciada e particularizante, daí resultando não ser próprio cogitar-se aqui de relações transindividuais, indutoras de direitos coletivos ou difusos, à míngua de qualquer traço de homogeneidade entre os interesses e direito de cada um dos cooperados, em relação aos quais, vale acentuar, as irregularidades nem sempre são as mesmas, além de ocorrerem em empresas diferentes (...) (TRT 3ª R., 2ª T., RO 00232/2002, j. 23-11-2004, Rel. Juiz Antônio Miranda de Mendonça).

Já entendeu o TRT da 15ª Região que "a lesão deve ser de caráter tal que abranja uma categoria ou parcela expressiva dela, de modo que não haja necessidade de se distinguirem situações individuais"[7].

O próprio TST julgou que: "Lesão a interesses/direitos difusos e coletivos não evidenciada, ante a necessidade de exame particularizado da situação de cada um daqueles trabalhadores"[8].

Rogério Lauria Tucci asseverou que:

Não temos dúvida em afirmar, conclusivamente, e com o máximo respeito, que a utilização da ação civil pública, pelo Ministério Público, a par de exagerada, tem-se mostrado realmente abusiva. Extrapolando comumente, os seus membros, encarregados de aforá-las, dos limites estabelecidos na legislação específica em vigor, têm-na consequente e infelizmente, desfigurado, vezes várias com o referendo de juízes que, exacerbando suposto interesse público, fazem por ignorar a indispensabilidade de tratamento paritário das partes, corolário inafastável do devido processo legal[9].

No mesmo sentido Pedro Dinamarco:

Na verdade, está havendo um inegável abuso do Ministério Público na propositura de ações civis públicas (e um abuso maior ainda na interpretação de normas de direito material). Essa tendência de abuso ocorreu na época da criação do mandado de segurança, ensejando a incidência da Lei de Lavoisier: a maior generalização no uso do remédio enseja sua menor eficiência[10].

Dispõe o inciso II do art. 5º da Constituição que "ninguém será obrigado a fazer ou deixar de fazer alguma coisa senão em virtude da lei". É o consagrado princípio da legalidade. Não existe lei proibindo a contratação de cooperativas para prestação de serviços às empresas. A ordem econômica é fundada na livre

---

7. TRT 15ª R., 5ª T., RO 005001/1993, Rel. Juíza Eliana Felippe Toledo.
8. TST, 1ª T., RR 374202/1997, j. 19-9-2001, Rel. Juíza Convocada Beatriz Goldschmidt.
9. TUCCI, Rogério Lauria. Ação civil pública: abusiva utilização pelo Ministério Público e distorção pelo Poder Judiciário. In: *Aspectos polêmicos da ação civil pública*. São Paulo: Saraiva, 2003, p. 391.
10. DINAMARCO, Pedro da Silva. *Ação civil pública*. São Paulo: Saraiva, 2001, p. 215.

iniciativa, segundo o art. 170 da Constituição. As cooperativas têm livre iniciativa para desenvolver suas atividades. As empresas também têm a liberdade de contratar com cooperativas, desde que não haja fraude na relação entre o trabalhador e o tomador. As cooperativas são reconhecidas pela própria Constituição (art. 5º, XVIII, parágrafo único do art. 170, § 2º do art. 174, art. 187, VI).

Não existe previsão legal no sentido de ser proibida a contratação de cooperativas ou de outras empresas para prestar serviços na atividade-fim da empresa tomadora de serviços. O que não é proibido é permitido. Não pode é existir subordinação do trabalhador à cooperativa ou à tomadora dos serviços.

A lei não veda a intermediação de empresas na contratação de mão de obra. Ao contrário, a Lei n. 6.019/74 permite a contratação de trabalhadores temporários por empresa de trabalho temporário e a Lei n. 7.102/83 admite a contratação de vigilantes por empresas de vigilância para prestar serviços no âmbito do tomador. A Súmula 331 do TST permite a contratação de empresa de limpeza e de conservação (III), que também têm suas atividades consideradas lícitas.

A contratação de cooperativas para prestar serviços é lícita, tanto que existe a Lei n. 5.764/71. O parágrafo único do art. 442 da CLT é claro no sentido de que "qualquer que seja o ramo de atividade da sociedade cooperativa, não existe vínculo empregatício entre ela e seus associados, nem entre estes e os tomadores de serviços daquela", desde que evidentemente não exista subordinação. O art. 90 da Lei n. 5.764/71 já previa que "qualquer que seja o tipo de cooperativa, não existe vínculo empregatício entre ela e seus associados".

A Recomendação n. 127 da OIT prevê que:

> com o objeto de melhorar as oportunidades de emprego, as condições de trabalho e os ingressos dos trabalhadores agrícolas sem-terra, eles deveriam ser ajudados, quando fosse apropriado, para organizar-se voluntariamente em cooperativas de contratação de mão de obra (art. 11).

Em caso que participei como terceiro juiz em ação civil pública proposta contra cooperativa e outra empresa foi juntado aos autos um auto de infração emitido por auditor fiscal do trabalho. No auto de infração o auditor dizia que, aproximadamente, 200 trabalhadores eram empregados sem sequer ter entrevistado todos eles para saber se eram empregados ou cooperados. Não se pode estabelecer por presunção que todos são empregados sem verificar provas de subordinação e outros elementos para constatar a existência de vínculo de emprego. Não se pode reconhecer vínculo de emprego por atacado.

Juízo natural para analisar a matéria é a Justiça do Trabalho, e não o Ministério Público do Trabalho.

Provas feitas no inquérito civil público não servem como prova em juízo, pois não foram submetidas ao contraditório, além do que devem ser submetidas ao juízo natural, que é o Poder Judiciário. O devido processo legal mostra que a prova deve ser feita perante o juiz. Ada Pellegrini Grinover afirma que:

> Daí, inclusive, pode-se afirmar que, ao menos em princípio, não têm eficácia probatória no âmbito jurisdicional os elementos coligidos em procedimentos administrativos prévios ou mesmo em outros processos jurisdicionais, se a colheita não contar com a possibilidade real e efetiva de participação dos interessados, em relação aos quais se pretende editar provimento de caráter vinculante e cuja esfera jurídica possa vir a ser atingida. Tomo a liberdade de voltar a invocar minha anterior manifestação: "E é importante que o princípio da ineficácia das provas que não sejam colhidas em contraditório não significa apenas que a parte possa defender-se em relação às provas contra ela apresentadas; exige-se, isso sim, que seja posta em condições de participar, assistindo à produção das mesmas enquanto ela se desenvolve". A ineficácia da colheita de elementos de prova desvinculada do contraditório decorre, portanto, da infringência a princípio constitucional, que desempenha função de garantia não apenas para as partes em atual ou potencial litígio, mas do correto exercício da função estatal[11].

No mesmo sentido o entendimento da jurisprudência:

> O reconhecimento da fraude na intermediação de mão de obra demanda produção probatória e respeito ao princípio do contraditório. Decisão liminar que, *inaudita altera pars*, antecipa os efeitos da tutela, reconhecendo que as atividades da cooperativa são fraudulentas, emitindo ordem de cessação imediata da arregimentação e/ou fornecimento de mão de obra a terceiros, esgotando o objeto da ação civil pública, viola a garantida constitucional inserta no art. 5º, inciso LV, da Constituição Federal (TRT 24ª R., Tribunal Pleno, MS 158/2002, j. 11-12-2002, Rel. Juiz Márcio V. Thibau de Almeida).

> Tratando-se o inquérito civil público de procedimento administrativo de natureza inquisitorial sem a observância do contraditório e do amplo direito de defesa em favor do indiciado, destinado que é a colheita de provas pelo Ministério Público, impõe-se a ratificação perante o Poder Judiciário das provas colhidas na esfera do órgão ministerial, na hipótese de ocorrência de controvérsia acerca dos fatos que alicerçaram o ajuizamento da ação civil pública, corolário das garantias constitucionais do devido processo legal e do livre acesso ao poder judiciário (TRT 1ª R., 9ª T., RO 00831-2001-017-01-00, j. 9-12-2003, Rel. Des. José da Fonseca Martins Junior).

Se a prova é contraditória no processo, também não se pode dizer que há vínculo de emprego, pois certas testemunhas dizem que têm subordinação e outras dizem o contrário, afirmando que havia autonomia do cooperado na prestação de serviços.

---

11. GRINOVER, Ada Pellegrini. *A marcha do processo*. Rio de Janeiro: Forense Universitária, 2000, p. 202-203.

19
LEGISLAÇÃO ESTRANGEIRA

Na maioria dos países de origem latina, as cooperativas foram confundidas, primeiramente com associações, como entidades sem fins econômicos, destinadas a beneficência. Posteriormente, passaram a ser consideradas como sociedade, com fins econômicos, variando sua natureza entre civil ou comercial.

19.1 ALEMANHA

A Lei de 1º de maio de 1889 trata das cooperativas.

O Código Comercial, de 1897, dispõe que as cooperativas são constituídas de um mínimo de cinco sócios.

19.2 ARGENTINA

Na Argentina, as cooperativas foram sendo criadas em decorrência de os imigrantes europeus terem ido para esse país, principalmente italianos, franceses e alemães.

A Lei n. 11.388, de 1926, tratou das cooperativas. Foi modificada pela Lei n. 20.337, de 1973, incorporando princípios cooperativos estabelecidos pela Aliança Cooperativa Internacional. As cooperativas de trabalho são disciplinadas pelo Decreto n. 2.015, de 16 de novembro de 1994.

Para a criação da cooperativa é preciso dez sócios.

Os trabalhadores não têm vínculo de emprego com as cooperativas.

Se a cooperativa for utilizada com fins fraudulentos, de burlar os direitos dos trabalhadores, aplica-se o art. 14 da Lei n. 20.744/76 (lei do contrato de trabalho), que dispõe que será nulo todo contrato pelo qual as partes tenham procedido com simulação ou fraude à lei laboral, como quando aparentam normas contratuais não laborais. Serão as disposições substituídas pela lei do contrato de trabalho.

As cooperativas não podem ser utilizadas como intermediárias na prestação do serviço.

19.3 BÉLGICA

A Lei de 1873 foi inspirada na lei francesa de 1867. As cooperativas são consideradas sociedades comerciais. Foram integradas num capítulo do Código Comercial.

19.4 CANADÁ

As cooperativas são regidas por leis federais, como o Agricultural Products Cooperative Marketing Act, de 1949.

A legislação estadual também trata do tema, como dos Estados de Québec (1906), Alberta (1946), Nova Brunswick (1951), Ontário (1949) e Saskatchewan (1950).

19.5 ESPANHA

A Lei de 2 de janeiro de 1942 conceituou as cooperativas como sociedades distintas das demais formas societárias.

As Sociedades Anônimas Laborais (SAL) foram criadas pela Lei n. 15, de 1986. Os trabalhadores devem ter pelo menos 51% das ações. A forma de administração dessas sociedades é semelhante à das sociedades anônimas.

As cooperativas de trabalho associado são integradas por pessoas físicas. Fazem parte das cooperativas os sócios cooperativistas, os assalariados e os associados. Os sócios cooperativistas não podem ser menos do que cinco. Para a criação das cooperativas, os interessados devem obter certidão negativa de denominação, demonstrando a inexistência de outra cooperativa com o mesmo nome da que será criada. A certidão é requisitada no Registro de Cooperativas. Os estatutos devem conter a forma de admissão dos sócios trabalhadores, suas responsabilidades em decorrência das dívidas sociais e a quantidade de trabalho nos dias e horas do calendário laboral definido pela Assembleia Geral.

A Lei Geral do Cooperativismo n. 3, de 8 de abril de 1987, aplica-se a toda a Espanha, desde que a região não possua lei específica sobre o tema. Se houver lei específica na região, a lei geral tem natureza de lei complementar.

O preâmbulo da lei geral afirma que sua finalidade é:

criar os sistemas que estimulem nas sociedades cooperativas o incremento de recursos financeiros próprios; fortalecer as garantias dos terceiros em suas relações econômicas com as cooperativas; ampliar os mecanismos de controle sobre a gestão, aceitando com pragmatismo as realidades do mercado; abrir as possibilidades para determinadas classes de cooperativas de realizar operações com terceiros não sócios.

Para a constituição da cooperativa é preciso, no mínimo, cinco sócios, nas cooperativas de primeiro grau e dois sócios, nas cooperativas de segundo grau.

Há proibição de menores de 18 anos de se associarem em cooperativas de trabalho (art. 118.2). Os maiores de 16 e os menores de 18 anos não respondem pelas dívidas da sociedade (art. 118.3). Os menores de 18 anos não podem realizar trabalhos noturnos, insalubres, penosos, nocivos ou perigosos, tanto para sua saúde como para sua formação profissional e humana (art. 118.6).

Os sócios têm o direito de receber suas retiradas, em prazo não superior a um mês, em quantia equivalente às pagas a outros trabalhadores do mesmo setor de atividades ou aos membros de categorias profissionais (art. 118.4).

São aplicadas às cooperativas de trabalho as normas de seguridade social e higiene no trabalho (art. 118.5).

O número de empregados das cooperativas de trabalho não pode ser superior a 10% do total dos sócios (art. 118.7).

Os estatutos devem regular a situação dos sócios em período de experiência, não podendo ser superior a seis meses, exceto em condições especiais. O número de trabalhadores em período de prova não poderá ultrapassar 10% do total de sócios (arts. 119.1 e 119.2).

Podem os estatutos estabelecer sanções para os trabalhadores por faltas na atividade de prestação laboral (art. 120.1).

Definirão os estatutos e, na sua omissão, as assembleias de sócios os critérios para a fixação da jornada de trabalho, descanso semanal, feriados e férias anuais. Devem ser observadas as seguintes normas mínimas: a) entre o final de uma jornada e o início de outra deve haver um intervalo mínimo de 12 horas; b) os menores de 18 anos não poderão executar jornada superior a 40 horas semanais; c) são feriados o Natal, o ano-novo e 1º de maio; d) as férias dos menores de 18 anos e dos maiores de 60 anos terão a duração mínima de um mês (art. 121.1).

Será possível a cooperativa suspender temporariamente as obrigações e os direitos dos sócios de prestarem trabalho, com a perda dos direitos e obrigações econômicas, nos seguintes casos: a) incapacidade de trabalho transitória e invalidez; b) maternidade da mulher do sócio; c) serviço militar obrigatório; d) prisão temporária; e) licença para exercício de mandato eletivo; f) causas econômicas, tecnológicas ou por motivo de força maior (art. 122.1). Nessas causas, caberá à Assembleia Geral decidir se permanecerão suspensos todos os trabalhadores ou apenas uma parte deles (art. 122.3).

Quando forem verificadas causas econômicas, tecnológicas ou de força maior, que coloquem em risco a viabilidade empresarial da cooperativa, sendo necessário o desligamento definitivo dos sócios, tal critério ficará a cargo da Assembleia Geral, que irá designar os sócios trabalhadores que deverão ser desligados, porém deverá haver justificação nos referidos casos (art. 123.1).

Os trabalhadores de cooperativas têm direito ao seguro-desemprego quando forem atingidos pela cessação da prestação de trabalho definitiva, por fundamentos econômicos, tecnológicos ou de força maior (Real Decreto n. 1.043/85).

As Sociedades Laborais são constituídas de diretores, de acordo com a maioria do capital e as decisões da Assembleia Geral.

A Cooperativa de Mondragon foi idealizada pelo Padre José Maria em 1955. Afirmava que se deve "socializar o saber para democratizar o poder". Nenhum trabalhador da cooperativa ganha menos de US$ 1.500 por mês. Ao final do ano, 30% dos lucros são divididos entre os trabalhadores, 10% ficam para a *holding* e o restante é reinvestido no sistema. A cooperativa hoje é uma *holding* de 100 empresas, que têm três áreas de atuação: industrial (máquinas para as indústrias de veículos e de eletrodomésticos), financeira e de distribuição. Quem quer entrar na cooperativa tem de pagar US$ 11.000 para se tornar acionista. O banco da cooperativa financia esse valor.

19.6 ESTADOS UNIDOS

As cooperativas são regidas pela Cooper Volstead Cooperative Marketing Law, de fevereiro de 1922, e pelo Agricultural Marketing Act, de 1929, a lei sobre cooperativas de crédito de 1934.

Alguns Estados têm legislação sobre cooperativas, como Flórida, Oregon, Michigan, Dakota e D.F. Washington.

19.7 FRANÇA

A Lei de 1915 determinou que as cooperativas de trabalhadores de produção adotassem o regime de sociedade anônima ou de comandita por ações.

O Estatuto Geral de Cooperação, de 10 de novembro de 1947, afastou as sociedades cooperativas das demais sociedades mercantis. Consagrou os princípios das cooperativas. São consideradas civis ou comerciais, conforme o objetivo de suas atividades ou a forma da sociedade.

A Lei de 1972 estabeleceu regime próprio para as cooperativas agrárias.

Cada um dos tipos de cooperativas tem legislação especial.

A maioria das cooperativas de trabalho francesas é de produção.

19.8 ITÁLIA

Desde 1870, os trabalhadores braçais do campo (*braccianti*) passaram a reunir-se em cooperativas para a defesa de seus interesses contra os empregadores de contratar trabalhadores sem garantias.

Prevê o artigo 2.511 do Código Civil de 1942 que a sociedade cooperativa tem escopo mutualístico, e pode ser de responsabilidade limitada ou ilimitada.

Dispõe o artigo 45 da Constituição de 1947 que:

> a República reconhece a função social da cooperação com caráter de mutualidade e sem fins de especulação privada. A lei promoverá e favorecerá o incremento da cooperativa com os meios mais idôneos e garantirá, com os controles mais adequados, seus caracteres e seus fins.

O artigo 26 do Decreto Legislativo n. 1.577, de 14 de dezembro de 1947, fez referência aos:

> requisitos mutualísticos para efeitos tributários: (a) proibição de distribuir dividendos superiores ao interesse legal do capital efetivamente aportado; (b) proibição de distribuir as reservas entre os sócios durante a vida social; (c) entrega, no caso de dissolução da sociedade, de todo o patrimônio social – deduzido somente o capital aportado e os dividendos eventualmente vencidos – a fins de utilidade pública conforme o espírito mutualista.

Para a formação da cooperativa é preciso nove membros. As cooperativas de consumo devem ter 50 sócios. As de habitação, 18 sócios. Pequenas cooperativas podem ser formadas, tendo entre três a oito sócios.

No mínimo 20% das sobras das cooperativas devem ser destinados ao fundo de reserva (art. 2.536 do Código Civil). Não incidem tributos sobre o depósito feito no fundo (Decreto n. 917/96).

Prevê o artigo 3º do Decreto n. 65.920, de 2 de novembro de 1965, que:

> cada associado se apresenta à clientela sob o seu nome pessoal. Ele exerce sua arte com toda a independência e sob sua responsabilidade e percebe seus honorários de conformidade com as disposições do código de deontologia.

Cada associado suporta sozinho a responsabilidade dos atos profissionais que executa (art. 12).

Nas cooperativas de produção, os trabalhadores são contratados como empregados. Posteriormente, são admitidos como sócios da sociedade.

19.9 MÉXICO

A lei geral de sociedades cooperativas foi promulgada em 1938.

A Lei de 3 de agosto de 1994 substitui a Lei de 1938.

Sociedade cooperativa é uma forma de organização social integrada por pessoas físicas com base em interesses comuns e nos princípios da solidariedade, esforço próprio e ajuda mútua, com o propósito de satisfazer a necessidades individuais e coletivas, por meio da realização de atividades econômicas de produção, distribuição e consumo de bens e serviços (art. 2º).

Cooperativas de produção são as sociedades de produtores, cujos membros se associem para trabalhar em comum na produção de bens e serviços, aportando seu trabalho pessoal, físico ou intelectual. Independentemente do tipo de produção a que se dediquem, as cooperativas poderão armazenar, conservar, transportar e comercializar seus produtos (art. 27).

As cooperativas de produtores podem contar com empregados somente nos casos seguintes: a) quando as circunstâncias extraordinárias ou imprevistas da produção e dos serviços o exijam; b) para a execução de obras determinadas; c) para trabalhos eventuais ou por tempo determinado ou indeterminado, distintos aos requeridos pelo objeto social da sociedade cooperativa; d) para a substituição temporária de um sócio entre seis meses a um ano; e) pela necessidade de incorporar pessoal especializado altamente qualificado (art. 66).

19.10 PARAGUAI

Considera a Lei n. 349, de 17 de dezembro de 1972, como cooperativa a "associação voluntária de pessoas que mediante esforço próprio e ajuda mútua, sem fim lucrativo, objetiva o melhoramento de suas condições de vida" (§ 1º).

As cooperativas podem ser de produção, consumo, serviços, poupança e crédito.

As cooperativas de produção são as que se dedicam a produção e venda em comum de produtos agrícolas (art. 36 do Decreto n. 27.384/72).

19.11 PORTUGAL

A Lei n. 51, de 7 de setembro de 1996, estabelece no artigo 3º que devem ser observados os princípios cooperativistas. A cooperativa de primeiro grau é constituída com o mínimo de cinco membros e de dois membros para o segundo grau.

É possível que as cooperativas sejam estabelecidas de forma multissetorial (art. 4º).

As cooperativas podem associar-se a outras pessoas coletivas, exceto se tiverem fins lucrativos (art. 8º).

A direção da cooperativa pode aplicar penalidades aos cooperados, como de repreensão, multa e suspensão temporária de direitos, mas deve haver processo escrito, com recurso para a Assembleia Geral (art. 38).

19.12 SUÍÇA

O Código das Obrigações, de 1881, inclui um capítulo sobre cooperativas. A inspiração foi a lei alemã de 1867.

As citadas disposições vigoraram até o novo Código de Obrigações de 18 de dezembro de 1836. O capítulo das cooperativas foi ampliado para 98 artigos. As cooperativas ficaram ao lado das demais sociedades.

19.13 VENEZUELA

A Lei de 1976 criou a Ceconave (Central Cooperativa Nacional). O objetivo foi a integração das cooperativas.

19.14 URUGUAI

A Lei n. 10.008, de 5 de abril de 1941, tratava das cooperativas agropecuárias. Eram aplicadas às cooperativas as normas relativas às sociedades anônimas, inexistindo disposições próprias. A referida norma foi revogada.

A Lei n. 10.761, de 15 de agosto de 1946, regulou as cooperativas de produção e de consumo, remetendo o intérprete a disposições das sociedades comerciais. O Decreto de 5 de março de 1948 regulamentou a referida norma.

As cooperativas de trabalho são compostas de no mínimo seis pessoas (art. 1º, *c*, da Lei n. 13.841/66).

O transporte de passageiros na cidade de Montevidéu é feito por meio de cooperativa de trabalho.

20
GARANTIA DE EMPREGO DO DIRIGENTE DA COOPERATIVA

20.1 GARANTIA DE EMPREGO

É necessário distinguir a estabilidade da garantia de emprego.

A garantia de emprego é o gênero. Compreende medidas que objetivam o trabalhador obter o primeiro emprego, a manutenção do emprego conseguido e, até mesmo, de maneira ampla, a colocação do trabalhador em novo serviço. Está, portanto, a garantia de emprego ligada à política de emprego. Uma forma de garantia de emprego é o art. 429 da CLT, que assegura o emprego a menores aprendizes na indústria. O art. 93 da Lei n. 8.213/91 também pode ser considerado como hipótese de garantia de emprego, ao estabelecer que as empresas com 100 ou mais empregados estão obrigadas a ter de 2 a 5% de seus cargos preenchidos com beneficiários reabilitados ou pessoas portadoras de deficiência. Outra hipótese seria de uma lei que viesse a determinar a admissão de trabalhadores que fossem mutilados de guerra.

Estabilidade diz respeito à impossibilidade de o empregado ser dispensado, salvo em razão de determinadas hipóteses contidas em lei. Era a hipótese de o empregado ter dez anos de empresa e não ser optante do FGTS. As regras eram definidas nos arts. 492 a 500 da CLT. Hoje, só gozam dessa garantia as pessoas que têm direito adquirido, pois o FGTS passou a ser um direito do trabalhador.

A garantia de emprego restringe o direito potestativo do empregador de dispensar o empregado sem que haja motivo relevante ou causa justificada durante certo período. A estabilidade é o direito que tem o empregado de não ser dispensado unilateralmente, salvo as exceções legais (justa causa, encerramento de atividade). Proíbe a estabilidade o direito potestativo de dispensa por parte do empregador, ainda que este queira pagar indenizações.

Garantia de emprego é, porém, o nome adequado para o que se chama estabilidade provisória, pois, se há estabilidade, ela não pode ser provisória. Não se harmonizam os conceitos de estabilidade e provisoriedade, daí por que garantia de emprego.

20.2 GARANTIA DE EMPREGO NA COOPERATIVA

A Lei n. 5.764/71 trata da política nacional de cooperativismo, instituindo o regime jurídico das sociedades cooperativas.

Em seu art. 55 ficou estatuído que os empregados de empresas que sejam eleitos diretores de sociedades cooperativas criadas pelos primeiros gozarão das garantias asseguradas aos dirigentes sindicais pelo art. 543 da CLT.

O referido preceito remete ao art. 543 da CLT, que estabelece que o dirigente sindical não pode ser impedido do exercício de suas funções, nem transferido para lugar ou mister que lhe dificulte ou torne impossível o desempenho das suas atribuições sindicais.

Determina o § 3º do art. 543 da CLT que:

> fica vedada a dispensa do empregado sindicalizado ou associado, a partir do momento do registro de sua candidatura a cargo de direção ou representação de entidade sindical ou de associação profissional, até um ano após o final de seu mandato, caso seja eleito, inclusive como suplente, salvo se cometer falta grave devidamente apurada nos termos desta Consolidação.

A Convenção n. 98 da OIT, de 1949, foi aprovada pelo Decreto Legislativo n. 49, de 27 de agosto de 1952. Foi promulgada pelo Decreto n. 33.196, de 29 de junho de 1953. Menciona que "os trabalhadores deverão gozar de adequada proteção contra quaisquer atos atentatórios à liberdade sindical em matéria de emprego" (art. 1.1). A referida proteção deverá aplicar-se a atos destinados a "dispensar um trabalhador ou prejudicá-lo, por qualquer modo, em virtude de sua filiação a um sindicato ou de sua participação em atividades sindicais, fora das horas de trabalho ou com o consentimento do empregador, durante as mesmas horas" (art. 1.2, *b*).

Verifica-se que o art. 55 da Lei n. 5.764/71 estabelece outra modalidade de garantia de emprego.

20.3 OBJETIVO

Se fosse admitida a dispensa do dirigente, toda a cooperativa ficaria prejudicada no trabalho coletivo que vinha sendo desenvolvido pelo referido obreiro em prol de todos os cooperados. Deixaria, ainda, de haver continuidade da gestão administrativa.

Não havendo a garantia de emprego, os diretores ficariam receosos de ser eleitos para essa função, pois, a partir do momento que a assumissem, poderiam ser dispensados, como represália do empregador.

Para o desempenho das atividades diretivas, o empregado poderá diminuir o trabalho para a empresa ou então não trabalhar, o que seria um dos fundamentos para o empregador dispensá-lo.

20.4 PERÍODO DE GARANTIA

O diretor de sociedade cooperativa não poderá ser dispensado desde o momento do registro de sua candidatura ao cargo de direção, até um ano após o final de seu mandato, caso seja eleito.

O mandato do dirigente da cooperativa será definido no estatuto (art. 21, V, da Lei n. 5.764/71), não podendo ser superior a quatro anos (art. 47 da Lei n. 5.764/71).

20.5 COMUNICAÇÃO

Para que o trabalhador possa gozar da garantia de emprego, a cooperativa deverá informar ao empregador que o empregado candidatou-se ao cargo. Como o art. 55 da Lei n. 5.764/71 faz referência ao art. 543 da CLT, é o caso de se observar o § 5º do último dispositivo, que exige que a entidade comunique a empresa da candidatura.

O seguinte julgado mostra, em parte, a necessidade da comunicação:

> Dirigente de cooperativa de empregados. Falta de comunicação prevista no § 5º do art. 543 da CLT. A comunicação prevista no § 5º do art. 543/CLT, só se torna indispensável, quando por outros meios idôneos, o empregador não tiver tomado ciência da eleição do empregado, como dirigente de cooperativas de trabalhadores (TRT 3ª R., 1ª R., RO 4503/87, Rel. Juiz Ricardo V. Moreira da Rocha, *DJ MG* 11-3-1988, p. 61).

Na verdade, outros meios idôneos podem não demonstrar formalmente que o dirigente candidatou-se e o empregador poderá dizer que não teve conhecimento da candidatura. Assim, é melhor a comunicação expressa da cooperativa ao empregador da existência da candidatura, visando, inclusive, evitar a represália de o empregador dispensar o empregado, daí por que ser imprescindível a comunicação.

20.6 NÚMERO DE DIRIGENTES

O número de dirigentes não foi fixado na Lei n. 5.764/71.

O art. 55 da Lei n. 5.764/71 não faz referência ao art. 522 da CLT, que trata do número de dirigentes do sindicato.

Ficará, assim, a cargo do estatuto da cooperativa definir quantos diretores terá a cooperativa.

O número de dirigentes que gozarão da garantia de emprego ficará, porém, adstrito ao critério da razoabilidade, sob pena de ser eleita toda a categoria de trabalhadores para fazer jus ao citado benefício. Nesse caso, haverá abuso de direito, que será coibido pelo Poder Judiciário.

As pessoas que gozam da garantia de emprego são apenas os diretores de sociedades cooperativas criadas pelos empregados de uma empresa e não outros tipos de cooperativas.

20.7 SUPLENTE

Nem a doutrina, muito menos a jurisprudência, são unânimes no sentido de que a garantia de emprego se estende ao suplente do dirigente da sociedade cooperativa.

Nei Cano Martins afirma que o art. 55 da Lei n. 5.764/71 faz referência ao art. 543 da CLT e que a garantia de emprego estende-se a tudo o que está disposto no último comando legal. Assevera que:

não era de mister que o legislador expressasse, no indigitado art. 55, essa extensão, pois já estava fazendo menção ao art. 543 consolidado, onde ela estava indubitavelmente consignada. Enquanto não se fez referência expressa ao membro do Conselho Fiscal, não se fez ressalva quanto ao suplente[1].

A jurisprudência ora pende para uma tese, ora para outra:

Não há o que se distinguir entre titular e o suplente do Conselho de Administração de Cooperativa, porquanto o suplente, nesta condição, detém a expectativa de assumir as obrigações do titular, e em consequência a responsabilidade a este atribuída (TST, RR 193/87, Ac. 1ª Turma, Rel. Min. Fernando Vilar, *DJU* 18-12-1987, conforme Teixeira Filho, João de Lima, in *Repertório de Jurisprudência Trabalhista*, Rio de Janeiro, Freitas Bastos, 1989, v. 6, p. 600).

O art. 543 da CLT assegura estabilidade provisória a todos os dirigentes sindicais (diretores e membros do Conselho Fiscal), mas o art. 55 da Lei n. 5.764/71 confere o mesmo direito, tão somente, aos diretores das cooperativas de trabalhadores, não abrangendo os respectivos suplentes (TST, RR 2.584/86, Rel. Min. Nelson Tapajós, conforme Teixeira Filho, João de Lima, in *Repertório de Jurisprudência Trabalhista*, Rio de Janeiro, Freitas Bastos, 1989, v. 6, p. 600).

Há acórdão da 1ª Turma do TST afirmando que o suplente goza da garantia de emprego:

---

1. MARTINS, Nei Cano. *Estabilidade provisória no emprego*. São Paulo: LTr, 1995, p. 159.

> Estabilidade provisória. Suplentes de Diretores de Cooperativa. Assim como os Diretores de Cooperativas são eleitos, os seus suplentes também estão ao abrigo da estabilidade provisória, visto que são indispensáveis ao funcionamento normal da instituição.

A Seção de Dissídios Individuais reformou a referida decisão[2], porém não foram expostos claramente os motivos.

Concedem garantia de emprego ao suplente o inciso VIII do art. 8º da Constituição e o § 3º do art. 543 da CLT, porém tratam do dirigente sindical e não do membro da sociedade cooperativa.

O suplente não goza da garantia de emprego, ainda que venha a substituir o titular em seus impedimentos. Não deveria poder sofrer qualquer represália por parte do empregador, visto que pode assumir o encargo do titular e deveria gozar de proteção contra a dispensa para poder desempenhar tranquilamente seu mister. Ocorre, contudo, que o art. 55 da Lei n. 5.764/71 não dispõe que a garantia de emprego será deferida na forma e condições contidas no art. 543 da CLT, o que incluiria o suplente. Reza apenas que os dirigentes da cooperativa gozam da garantia contida no art. 543 da CLT. O art. 55 da Lei n. 5.764/71 não faz menção ao suplente, faz referência apenas à garantia de emprego. Logo, onde o legislador não distinguiu expressamente, não cabe ao intérprete fazê-lo. Assim, resta indevida a garantia de emprego ao suplente do dirigente da cooperativa.

20.8 MEMBRO DO CONSELHO DE ADMINISTRAÇÃO

Há discrepância de opiniões se o membro do Conselho de Administração gozará da garantia de emprego. Não há dúvida de que o diretor da cooperativa tem o referido benefício.

Dispõe o art. 47 da Lei n. 5.764/71 que a cooperativa será administrada por uma diretoria ou um conselho de administração.

Na jurisprudência, é encontrado acórdão que confere ao membro do Conselho de Administração a garantia em comentário:

> O membro eleito do Conselho de Administração da Sociedade Cooperativa inclui-se no conceito de que trata o artigo 55 da Lei 5.764/71 (TRT 1ª R., 5ª T., RO 11425/88, j. 19-3-1991, Rel. Juíza Anna Brito da Rocha Acker, *DJ RJ* 17-4-1991, p. 181).

Há argumentos de que o membro do Conselho de Administração goza da garantia de emprego, porque dirige a sociedade. Da forma como está escrito no

---

2. TST, SDI, E-RR 4.958/89, Ac. SDI 1186/91, j. 20-8-1991, Rel. Min. José Carlos da Fonseca, *DJU* I 20-9-1991, p. 12.952, *LTr* 56-07/870.

art. 47 da Lei n. 5.764/71, a cooperativa pode também ser dirigida pelo Conselho de Administração, pois é empregada a conjunção alternativa *ou*. Tanto pode ser dirigida pela Diretoria, como pelo Conselho de Administração.

Prevê, por exemplo, o art. 138 da Lei n. 6.404/76, o qual trata das sociedades por ações, que a administração da companhia competirá, conforme dispuser o estatuto, ao Conselho de Administração e à diretoria, ou somente à diretoria. Nesse caso, é o estatuto que vai definir a hipótese. Isso mostra que o Conselho de Administração das sociedades tem função de administrar a sociedade. Indica o art. 142 da mesma norma que compete ao Conselho de Administração: fixar a orientação geral dos negócios da companhia (I); fiscalizar a gestão dos diretores (III); manifestar-se sobre o relatório da administração e as contas da diretoria (V).

O art. 55 da Lei n. 5.764/71 é expresso, porém, em determinar que a garantia de emprego é conferida apenas ao dirigente da cooperativa, e não ao membro do Conselho de Administração.

Em regras restritivas não se pode fazer interpretação extensiva ou ampliativa. Assim, não goza de garantia de emprego o membro do Conselho de Administração da sociedade cooperativa.

A SDI do TST já decidiu que a garantia de emprego não alcança "os demais exercentes de quaisquer outros órgãos criados para administração da sociedade"[3].

20.9 MEMBRO DO CONSELHO FISCAL

Os membros do Conselho Fiscal gozam da garantia de emprego?

A corrente que responde positivamente à pergunta esclarece que a cooperativa não poderia funcionar sem o Conselho Fiscal, que é o órgão indicado para fiscalizar os atos da administração. Assim, o membro do Conselho Fiscal deveria ter a garantia de emprego, pois, do contrário, a empresa estaria interferindo indiretamente na cooperativa, dispensando o trabalhador pertencente ao citado conselho. É encontrado acórdão adotando a garantia de emprego para o membro do Conselho Fiscal:

> Estabilidade provisória. Por aplicação do art. 55 da Lei 5.764/71 c/c os arts. 522 e 543 da CLT, o empregado eleito membro do Conselho Fiscal de sociedade cooperativa tem direito à estabilidade provisória assegurada aos dirigentes sindicais (TRT 3ª R., 3ª T., RO 5320/87, Rel. juiz Ney Doyle, *DJ MG* 27-5-1988, p. 71).

---

3. TST, SDI, E-RR 4.958/89, Ac. SDI 1186/91, j. 20-8-1991, Rel. Min. José Carlos da Fonseca, *DJU* I 20-9-1991, p. 12.952, *LTr* 56-07/870.

Os membros do Conselho Fiscal não gozam da garantia de emprego, pois não são diretores, nem há previsão na lei nesse sentido. Seus suplentes também não gozarão do benefício legal.

O art. 55 da Lei n. 5.764/71 é expresso no sentido de que a garantia de emprego diz respeito aos empregados eleitos diretores de sociedades cooperativas.

O citado dispositivo legal está na Seção IV (Dos órgãos de administração). Essa seção abrange os arts. 47 a 55. O art. 47 menciona que a sociedade será administrada por uma Diretoria ou Conselho de Administração e não pelo Conselho Fiscal. Este, inclusive, está contido na Seção V (Do Conselho Fiscal), no art. 56. Logo, o art. 55 da Lei n. 5.764/71 não diz respeito ao membro do Conselho Fiscal, que não goza da garantia de emprego.

Na doutrina, o mesmo entendimento é adotado por Nei Cano Martins[4] e Arnaldo Süssekind[5].

Na jurisprudência, há acórdão da SDI do TST sobre o tema:

> A Lei n. 5.764/71, que regula as sociedades cooperativas, distingue entre a Diretoria e o Conselho Fiscal, e no artigo 55 estende a estabilidade prevista no § 3º do artigo 543 da CLT da Consolidação das Leis do Trabalho apenas aos diretores das cooperativas, não alcançando os membros do Conselho Fiscal (TST, SDI, AR 22/84, j. 6-12-1989, Rel. Min. Fernando Villar, *DJU* I 24-8-1990, p. 8.292).

Não se admite a extensão da garantia de emprego a diretores de outros órgãos, pois a garantia de emprego é só para o empregado eleito para cargo de diretor de sociedade cooperativa. No TST há acórdão no mesmo sentido:

> O art. 55 da Lei 5.764/71 é aplicável apenas aos Diretores eleitos para a Diretoria de Cooperativas, não alcançando tal prerrogativa os demais exercentes de quaisquer outros órgãos criados para a administração da sociedade (TST, SDI, E-RR 4.958/89, Ac. SDI 1186/91, j. 20-8-1991, Rel. Min. José Carlos da Fonseca, *DJU* I 20-9-1991, p. 12.952, *LTr* 56-07/870).

20.10 EMPRESAS

A garantia de emprego envolve os empregados de empresas eleitos diretores de sociedades cooperativas, ainda que sejam de mais de uma empresa, abrangendo toda a categoria e não apenas as relativas às empresas em que cada trabalhador presta serviços.

---

4. MARTINS, Nei Cano. *Estabilidade provisória no emprego*. São Paulo: LTr, 1995, p. 158.
5. SÜSSEKIND, Arnaldo. *Instituições de direito do trabalho*. 14. ed. São Paulo: LTr, 1994, v. 1, p. 637.

No mesmo sentido, os seguintes acórdãos:

A garantia a que se reporta o art. 55 da Lei 5.764/71 alcança todos os empregados eleitos para diretoria de cooperativas de empregados, abrangendo toda a categoria, e não apenas as relativas àquelas empresas para que trabalham. Revista conhecida e não provida (TST, 4ª T., RR 23.242/91.8-9ª R., j. 17-8-1992, Rel. Min. Almir Pazzianoto Pinto, *DJU* I, 2-10-1992, p. 16.956).

Garantia de emprego. Alcance do art. 55 da Lei n. 5.764/71. A garantia de emprego da Lei 5.764, artigo 55, não alcança apenas os empregados de cooperativa constituída entre os empregados de uma mesma empresa ou empregadora, mas aos empregados eleitos para diretorias de cooperativas de empregados ou operárias (TRT 9ª R., 1ª T., RO 4.786/89, j. 28-8-1990, Rel. Juiz Pedro Ribeiro Tavares, *DJ PR* 5-10-1990, p. 77).

A orientação reflete a ideia de que o dirigente da cooperativa irá representar todos os cooperados da categoria, e não apenas os de uma empresa. Logo, a garantia deve ser ampla.

Há julgado que entende que não se pode estabelecer distinção em relação a cooperativas criadas de uma entidade sindical de outras criadas de forma isolada, pelos próprios trabalhadores da empresa, em que a diretoria é composta de trabalhadores diversos:

Estabilidade provisória. Empregado eleito para o Conselho de Administração de Cooperativa criada pelos obreiros dentro do âmbito da empresa. Lei n. 5.764/71, art. 55. Os empregados que dirigem as sociedades cooperativas por eles criadas gozam das mesmas prerrogativas asseguradas aos dirigentes sindicais, não sendo válida a distinção entre dirigentes de cooperativas criadas por sindicato e dirigentes de cooperativas criadas pelos próprios trabalhadores. Onde o legislador não distinguiu, não cabe ao Julgador distinguir em detrimento do obreiro. Reintegração no emprego, com todas as vantagens daí advindas (TRT 4ª R., 4ª T., RO 686/89, j. 13-3-1990, Rel. Juiz Antônio Salgado Martins).

20.11 INQUÉRITO PARA APURAÇÃO DE FALTA GRAVE

A dispensa do dirigente só poderá ser feita mediante inquérito que apure falta grave do empregado, nos termos dos arts. 853 a 855 da CLT.

Se a pessoa passa a gozar de garantia de emprego, só pode ser dispensada mediante uma forma que apure a falta grave praticada pelo trabalhador, que é por meio do inquérito para apuração dessa irregularidade.

O inquérito para apuração de falta grave não deixa de ser uma garantia, que é não ser dispensado sem que se apure a falta praticada pelo trabalhador. O art. 55 da Lei n. 5.764/71 remete o intérprete às disposições do art. 543 da CLT. No § 3º do art. 543 da CLT estabelece-se que a falta será apurada nos termos da referida consolidação, indicando a aplicação dos arts. 853 a 855 da CLT. O inquérito irá apurar se efetivamente a falta existiu, quem a praticou, assegurando o contraditório e a ampla defesa. É razoável que tal regra também seja aplicável ao dirigente da sociedade cooperativa.

21
REGULAMENTO

A Lei n. 12.690/2012, como outras, não tem um último artigo que exige que ela seja regulamentada pelo Poder Executivo em determinado prazo.

Se o regulamento estabelecer o que não está na lei, será considerado nulo, por ir além da previsão da lei.

Não precisa o regulamento dizer o que está na lei ou copiar artigos da Lei n. 12.690/2012.

A Lei n. 12.690/2012 é autoaplicável em quase todos os aspectos. Não precisa de regulamento para explicitar o seu conteúdo.

A matéria prevista na lei depende da regulamentação quando é dirigida ao Poder Público. Não é o caso da Lei n. 12.690/2012, que pretende regulamentar aspectos do trabalho cooperado ou da sociedade cooperativa.

Se, por exemplo, o decreto regulamentar os adicionais de horas extras, noturno, de insalubridade, de periculosidade, fixando os porcentuais, será ilegal, pois isso cabe à Assembleia Geral da cooperativa.

Se o regulamento esclarecer dúvidas, poderá ser positivo.

O parágrafo único do art. 26 da Lei n. 12.690/2012 prevê a necessidade de regulamentação apenas do modelo de formulário RAICI e não de outras matérias.

O § 2º do art. 20 da Lei 12.690/2012 menciona que o número de membros, a organização e o funcionamento do Comitê Gestor serão estabelecidos em regulamento.

O art. 24 da Lei 12.690/2012 dispõe que condições para garantias de operações de crédito serão estabelecidas no regulamento.

Outras matérias não precisam ser estabelecidas no regulamento.

22
TRIBUTAÇÃO PELO ISS DOS SERVIÇOS DAS COOPERATIVAS

22.1 INTRODUÇÃO

Há necessidade de se verificar se as cooperativas devem pagar ISS sobre os serviços que prestam, pois certos municípios pretendem exigir o citado imposto municipal. É o caso, ainda, de estudar se há a incidência do ISS sobre os serviços dos cooperados.

22.2 INCIDÊNCIA DO ISS SOBRE AS COOPERATIVAS

O ISS tem previsão na Lei Complementar n. 116/2003, que estabelece o fato gerador, a base de cálculo e os contribuintes do citado imposto, além dos serviços que serão tributados pela exigência municipal.

22.2.1 Fato gerador

Define o art. 114 do CTN fato gerador da obrigação principal como "a situação definida em lei como necessária e suficiente à sua ocorrência" (art. 114 do CTN).

Situação quer dizer o conjunto de fatos que são definidos em lei e dão ensejo à exigência do tributo.

Somente a lei é que poderá estabelecer o fato gerador da obrigação tributária principal (art. 97, III, do CTN).

A situação de fato estabelecida na lei será necessária e suficiente, ou seja, é bastante para a ocorrência do fato gerador da obrigação tributária.

Define o art. 1º da Lei Complementar n. 116/2003 o fato gerador do ISS, que é a prestação de serviços constantes da lista.

A cooperativa não é empresa. Essa é a atividade organizada para a produção de bens e serviços ao mercado com finalidade de lucro. A cooperativa não tem fim lucrativo[1], conforme inclusive prevê o art. 3º da Lei n. 5.764/71.

---

1. STJ, 1ª T., REsp. 33.260-0/SP, j. 28-4-1993, Rel. Min. Garcia Vieira, *DJU* 7-6-1993, p. 11.244.

Determina o art. 4º da Lei n. 5.764/71 que as sociedades cooperativas são sociedades de pessoas, tendo natureza civil, não ficando sujeitas à falência. Se não há finalidade de lucro, não pode ser considerada a cooperativa como empresa e, assim, não se sujeita à falência, por não exercer atividade mercantil.

Estabelecem os arts. 4º e 7º da Lei n. 5.764/71 que as cooperativas são constituídas para prestar serviços aos associados. Não prestam serviços a terceiros, mas aos associados. Logo, não existe o fato gerador da obrigação tributária, pois cooperativa não se confunde com empresa.

Indica o art. 3º da mesma lei que a cooperativa envolve a associação de pessoas que reciprocamente se obrigam a contribuir com bens ou serviços para o exercício de uma atividade econômica, de proveito comum, sem objetivo de lucro. Não há, portanto, a caracterização de empresa, nem o serviço é feito com finalidade lucrativa.

Não se confunde o fim da cooperativa com seu objeto.

O fim da cooperativa é prestar serviços aos associados (arts. 4º e 7º da Lei n. 5.764/71).

As sociedades cooperativas podem adotar por objeto qualquer gênero de serviço, operação ou atividade (art. 5º da Lei n. 5.764/71). O objeto da cooperativa é o ramo de sua atividade, como médica, de consumo, de distribuição etc.

Como a cooperativa não presta serviços a terceiros, mas aos associados, não há bem imaterial na etapa da circulação econômica para se falar na incidência do ISS. O cooperado não é terceiro em relação à cooperativa.

O relacionamento com terceiros é uma forma de fazer com que exista a possibilidade de prestação de serviços para os associados. Abrir as portas.

E as cooperativas acabem representando os associados para a colocação deles para prestar serviços.

Atos cooperativos são os praticados entre as cooperativas e seus associados, entre estes e aquelas e pelas cooperativas entre si quando associados, para a consecução dos objetivos sociais (art. 79 da Lei n. 5.764/71). O ato cooperativo não implica operação de mercado, nem contrato de venda e compra de produto ou mercadoria (parágrafo único do art. 79 da Lei n. 5.764/71). Se não é operação de mercado, não pode sofrer tributação, pois não é renda, receita ou serviço. Logo, sobre o ato cooperativo não se pode exigir o ISS, pois o serviço é efetivamente prestado pelo associado a terceiros, e não pela cooperativa.

Ato cooperativo não é serviço. Implica a relação entre a cooperativa e o cooperado. É o mesmo que ocorre na relação entre o sócio e a sociedade, que não tem tributação do ISS. Envolve o ato cooperativo as operações internas, as operações-fim e as operações privativas dos associados.

A lei complementar mencionada pela alínea *c* do inciso III do art. 146 da Constituição, que irá tratar do adequado tratamento tributário ao ato cooperativo, até o momento não foi editada. Enquanto isso, é recepcionado o art. 87 da Lei n. 5.764/71, com eficácia de lei complementar, permitindo a incidência de tributos, como o ISS, sobre os resultados das operações das cooperativas com não associados.

O cooperado não tem vínculo empregatício com a cooperativa (art. 90 da Lei n. 5.764/71 e parágrafo único do art. 442 da CLT). É autônomo o cooperado. Determina o inciso IV do § 15 do art. 9º do Regulamento da Previdência Social, estabelecido pelo Decreto n. 3.048/99, que o trabalhador associado à cooperativa que, nessa qualidade, presta serviços a terceiros é segurado contribuinte individual, o que na prática significa que é trabalhador autônomo. Sobre seu serviço incide o ISS, pois esse imposto não incide sobre serviços prestados com relação de emprego, mas por trabalhadores autônomos que prestam serviços com habitualidade. Se o cooperado prestar alguns dos serviços descritos na lista anexa à Lei Complementar n. 116/2003, terá a incidência do ISS.

Para que haja a incidência do ISS, é preciso que o serviço seja prestado para terceiros e não por conta própria. O cooperado presta serviços por conta própria, assumindo os riscos de sua atividade. A cooperativa não presta serviços ao cliente. Quem o faz é o cooperado, que presta serviços em seu próprio nome e não no da cooperativa.

As cooperativas não sofrem a incidência do ISS, pois prestam serviços para os associados. O art. 4º da Lei n. 5.764/71 é expresso no sentido de que as cooperativas são constituídas para prestar serviços aos associados. Se a cooperativa faz a intermediação para que os associados prestem os serviços, não está sujeita ao ISS, pois não presta serviços para terceiros, mas para os próprios associados.

Sendo os serviços prestados aos associados, não há circulação de serviços. Não existe bem imaterial na etapa da circulação econômica a ser tributado pelo ISS[2].

O cooperado e a cooperativa não são terceiros, mas pessoas ligadas a uma mesma relação, que é a relação cooperativa ou o ato cooperativo.

A jurisprudência já esclareceu que o ISS não incide sobre serviços prestados para a própria pessoa. O STF entendeu que a empresa imobiliária que realiza construção para si própria, ainda que para revenda, não é tributada pelo imposto

---

2. MARTINS, Sergio Pinto. *Manual do ISS*. 10. ed. São Paulo: Saraiva, 2017, p. 391.

municipal[3]. No mesmo sentido, há acórdão do STJ que informa que se a construção é feita para si própria, ainda que tenha por objetivo a revenda, não incide o ISS[4]. No caso de transportes, se a pessoa transporta pessoas ou bens para si próprio não presta serviços, pois apenas o transporte para terceiros provoca a incidência do ISS[5].

A cooperativa não tem por objetivo auferir lucros, mas obter vantagens em prol dos sócios[6], a satisfação das necessidades dos associados[7]. Não se trata, portanto, de serviço.

Prevê o art. 87 da Lei n. 5.764/71 que os resultados das operações das cooperativas com não associados serão levados à conta do fundo de assistência técnica, educacional e social e serão contabilizados em separado, de molde a permitir cálculo para incidência de tributos. A contrário senso, sobre o ato cooperativo não incide tributo, pois é o ato praticado em relação ao cooperado, que não visa ao lucro e não tem preço.

Se o cooperado já paga o ISS, não pode o mesmo imposto ser exigido da cooperativa, pois, do contrário, seria pago duas vezes pelo mesmo fato gerador.

O fato gerador do ISS é a prestação efetiva dos serviços. Não é um serviço em potencial.

Há jurisprudência que entende que o ISS não incide sobre os serviços prestados pela cooperativa:

> ISS. Cooperativa. Não incidência sobre a atividade desta do disposto no Decreto-Lei n. 406/68, n. 16 da lista a ele anexa, uma vez que, em face da interpretação, dada pelas instâncias ordinárias, e a cláusula estatutária, não exerce a mencionada entidade qualquer espécie de recrutamento, colocação ou fornecimento de mão de obra (STF, 1ª T., RE 81.966, j. 1º-3-1977, Rel. Min. Leitão de Abreu).

> ISS – Cooperativa médica sem fins lucrativos. Não estão obrigadas ao recolhimento do ISS as cooperativas, constituídas para prestar serviços a seus associados, sem fins lucrativos (...) (Acórdão REsp. 33260/SP. Nesse sentido: REsp 30.392-1/SP, REsp. 12.370/PE, REsp 1.577/SP).

> Processual civil. embargos de declaração. recurso especial (ISS. cooperativa de serviços médicos). 1. O ISS não incide sobre os atos praticados pelas cooperativas médicas consistentes no exercício de atividades em prol dos associados que prestam serviços médicos a terceiros (atos cooperados). Por outro lado, os atos não cooperados, vale dizer, aqueles decorrentes de relação jurídica negocial advinda da venda de planos de saúde a terceiros, sujeitam-se à incidência do ISS. Exegese do artigo 79, da Lei 5.764/71 c/c os artigos 86 e 87, do mesmo diploma legal (Precedentes desta Corte: REsp 727.091/RJ, Segunda Turma, publicado no

---

3. STF, 1ª T., RE 78.927/RJ, j. 23-8-1974, Rel. Min. Aliomar Baleeiro, *DJU* 4-10-1974, p. 7.258.
4. STJ, 2ª T., REsp 39.735-9/RJ, j. 21-10-1996, Rel. Min. Antônio de Pádua Ribeiro, *DJU* 1 11-11-1996, p. 43.688.
5. STF, TP, RE 101.339-7/SP, j. 14-3-1984, Rel. Min. Moreira Alves, *JSTF-Lex* 68/280.
6. GROSSFELD, Bernard. *Genossenschaft und Eigentum*. Tübingen: Mohr, 1975, p. 8.
7. PINHO, Diva Benevides. *Dicionário de cooperativismo*. São Paulo: Edusp, 1961, p. 59.

DJ de 17.10.2005; REsp 487.854/SP, Segunda Turma, publicado no *DJ* de 23.08.2004; e REsp 254.549/CE, Primeira Turma, publicado no *DJ* de 18.09.2000). 2. *In casu*, consoante se infere do voto-condutor do acórdão recorrido, a cooperativa médica em tela não realiza atos negociais tendentes à comercialização de planos de saúde a terceiros, o que implica na intributabilidade dos valores percebidos de pacientes a título de honorários médicos a serem repassados a seus associados. 3. Ademais, quaisquer questões que levem à nova incursão pelos elementos probatórios da causa são inapreciáveis em sede de recurso especial, *ex vi* da Súmula 7/STJ. 4. Embargos de declaração acolhidos, com efeitos modificativos, para NEGAR PROVIMENTO AO RECURSO ESPECIAL, restabelecendo-se os ônus sucumbenciais arbitrados na instância ordinária (STJ, REsp 615.555/MG (2003/0231509-8), j. 22-5-2007, Rel. Min. Luiz Fux).

Tributário. ISS. Sociedade cooperativa. Isenção. Ato cooperativo caracterizado. Ausência de relação com terceiros. Artigo 79 da lei N. 5.764/71. 1. A Corte de origem considerou que os serviços médicos são prestados diretamente pelos médicos e não pela cooperativa, que apenas repassa aos associados os recursos pagos pelos planos/seguros/convênios de saúde. Nesse contexto, deve-se admitir tão somente a incidência do ISS sobre os serviços prestados pelos associados (valor fixo), consoante disposto no art. 9º, parágrafo único, do DL 406/68. 2. Não é possível a tributação pelo ISS sobre a atividade prestada pela cooperativa – recebimento dos valores pagos pela prestação de serviços, posteriormente repassados aos cooperados com as deduções das despesas operacionais – quer pela absoluta ausência de tipicidade (aspecto material), já que não há, nem nunca houve, previsão de incidência do imposto sobre essa atividade em quaisquer das listas anexas até hoje elaboradas (DL 406/68, LC 56/87 ou LC 116/03); quer pela gratuidade do serviço (aspecto dimensível), que obsta a quantificação do imposto por ausência do elemento "preço". 3. Recurso especial não provido (STJ, REsp 121479/Al, Rel. Min. Castro Meira, *DJe* 23-11-2010).

ISS – Atividades não lucrativas – não incidência – O Imposto Sobre Serviços de Qualquer Natureza tem como fato gerador a prestação, por empresa ou profissional autônomo, com ou sem estabelecimento fixo, de serviço constante na lista. Associação cooperativa sem fim lucrativo, que se dedica a intermediar a contratação de terceiros para a prestação de serviços diretamente por seus associados, não está sujeita ao ISS (1º TAC SP, 8ª Cam., j. 14-10-1992, Rel. Juiz Carlos Hernandez).

22.2.2 Base de cálculo

Base de cálculo é a grandeza econômica escolhida pelo legislador para estabelecer a tributação.

A base de cálculo do ISS é o preço do serviço (art. 7º da Lei Complementar n. 116/2003). Entretanto, em relação à cooperativa não existe preço do serviço, pois não há serviço prestado pela cooperativa, nem há a fixação em unidades monetárias do valor do serviço prestado. O serviço que a cooperativa presta ao cooperado é gratuito. Não há, portanto, preço do serviço.

A taxa de administração cobrada pela cooperativa não representa preço do serviço, pois a cooperativa não presta serviços a terceiros, mas para os associados. Ela representa o valor para satisfazer a despesas operacionais da cooperativa, como pagar funcionários, luz, água, telefone. Assim, inexiste a incidência do ISS.

Meras entradas, sem ingresso definitivo no patrimônio da empresa, não são receitas. Geraldo Ataliba afirma que:

> sob a perspectiva jurídica, costuma-se designar por entrada, todo o dinheiro que entra nos cofres públicos seja a que título for. Nem toda a entrada, entretanto, representa uma receita. É que muitas vezes o dinheiro ingressa a título precário e temporariamente, sem passar a pertencer ao Estado. Receitas são entradas definitivas de dinheiro que pertencem ou passam a pertencer ao Estado[8].

Apenas os aportes que incrementam o patrimônio, como elemento novo e positivo, são receitas[9]. As entradas são meras passagens de valores, pois devem ser repassados a terceiros. Tem natureza provisória ou transitória.

Das sobras líquidas do exercício são destinados 10% para o Fundo de Reserva e 55 ao Fundo de Assistência Técnica, Educacional e Social (art. 28, I e II, da Lei n. 5.764/71).

Recebe o cooperado em razão do serviço que presta e não em razão do capital investido na sociedade cooperativa. Sobre o preço de seu serviço (art. 7º da Lei Complementar n. 116/2003) é que incidirá o ISS, desde que tal serviço esteja previsto na lista de serviços, por exemplo, os serviços de medicina (item 4.01), de assistência médica (item 4.23), de engenharia e arquitetura (item 7.01), de odontologia (item 4.12), de psicologia (item 4.16) etc.

22.2.3 Contribuinte

Contribuinte do ISS é o prestador do serviço (art. 5º da Lei Complementar n. 116/2003).

A cooperativa seria contribuinte do ISS se prestasse serviços a terceiros e não a seus associados, desde que os serviços estivessem previstos na lista anexa à Lei Complementar n. 116/2003. Entretanto, a finalidade da cooperativa não é prestar serviços para terceiros, mas para os associados. Indica o art. 7º da Lei n. 5.764/71 que a cooperativa tem por característica a prestação direta de serviços aos associados.

O ato não cooperativo, que é a operação com terceiros, os não associados, pode ser tributado, desde que haja previsão em lei para a exigência do tributo (art. 97, III, do CTN).

---

8. ATALIBA, Geraldo. *Apontamentos de ciência das finanças, direito financeiro e tributário*. São Paulo: Revista dos Tribunais, 1969, p. 25-26.

9. BALEEIRO, Aliomar. *Uma introdução à ciência das finanças*. 11. ed. Rio de Janeiro: Forense, 1976, p. 130-135.

Prevê o art. 87 da Lei n. 5.764/71 que os resultados das operações das cooperativas com não associados, mencionados nos arts. 85 e 86, serão levados à conta do fundo de assistência técnica, educacional e social e serão contabilizados em separado, de molde a permitir cálculo para incidência de tributos. Esse resultado não irá compor as sobras, para efeito de distribuição aos associados. O referido resultado pode ser tributado pelo ISS, desde que haja previsão legal para esse fim.

Havendo fraude na constituição de cooperativas, que não têm as características descritas na Lei n. 5.764/71, existirá a incidência do ISS sobre os serviços prestados, salvo se os serviços forem efetivamente prestados para os próprios associados, quando estes sofrerão a incidência do imposto municipal. O fisco é que terá de fazer a prova da fraude, pois a cooperativa não pode fazer prova de fatos negativos, de que não presta serviços. Trata-se de fato constitutivo do direito ao imposto, que deve ser provado pelo fisco (art. 333, I, do CPC).

22.2.4 Lista de serviços

Na lista da Lei Complementar n. 116/2003 não há previsão de incidência sobre serviços de cooperativas. Não se tributa na referida lista "serviços de cooperativas". Logo, não pode haver incidência do ISS sobre os serviços das cooperativas, pois estas não prestam serviços a terceiros, mas aos próprios associados.

O STF entende que a lista de serviços é taxativa e não meramente exemplificativa[10]. Logo, o ISS não pode incidir sobre serviços não especificados na lista, como os de cooperativas.

A lei municipal não poderá estabelecer a incidência do ISS sobre serviços de cooperativas, em razão de que elas não prestam serviços para terceiros e de que a lista de serviços da Lei Complementar n. 116/2003 não prevê a incidência de serviços de cooperativas.

22.2.5 Conclusão

O ISS não pode ser exigido das cooperativas, pois elas prestam serviços para os associados, e não para terceiros.

Somente quando a cooperativa prestar serviços para não associados é que incidirá o ISS, desde que o serviço tenha previsão na lista anexa à Lei Complementar n. 116/2003.

O STJ entende que o ISS incide somente sobre a taxa de administração.

---

10. STF, TP, RE 96.963-2/PR, j. 19-4-1983, Rel. Min. Alfredo Buzaid, *RTJ* 103/1.099.

23
OUTROS IMPOSTOS OU CONTRIBUIÇÕES

A sociedade cooperativa não gera renda, mas sobras. Muitas vezes, uma parte dessas sobras é reinvestida na própria sociedade. Assim, não se pode falar em incidência de imposto de renda ou de contribuição social sobre o lucro, pois este não existe.

Quando a cooperativa pratica ato não cooperativo, fica sujeita ao imposto de renda sobre o lucro obtido e à incidência da contribuição social sobre o lucro.

A Súmula 262 do STJ mostra que "incide o imposto de renda sobre o resultado das aplicações financeiras realizadas pelas cooperativas". Não é ato cooperativo.

A remuneração paga a empregados terá a incidência do imposto de renda retido na fonte, que deverá ser retido pela cooperativa, de acordo com a previsão legal.

Não deveriam incidir o PIS e a Cofins sobre a cooperativa, pois ela não tem receita bruta ou faturamento. Parte ou o todo é repassado ao cooperado. Ela tem entradas, que são repassadas aos associados e pagas suas despesas. Não se trata de receita de operações.

O STF entendeu que incidem PIS e Cofins sobre as receitas das cooperativas, pois a Constituição não lhes garantiu imunidade[1].

As sociedades cooperativas recolhem a contribuição de 1% sobre a folha de salários a título de PIS, desde que tenham empregados a lhe prestar serviços. Pagarão, também, a contribuição calculada sobre as receitas decorrentes de operações praticadas com não associados.

As cooperativas eram isentas da contribuição para a Cofins em relação aos atos cooperativos, conforme o inciso I do art. 6º da Lei Complementar n. 70/91. Esse dispositivo foi revogado pela Medida Provisória n. 2.158-35/2001.

---

1. STF, RE 599.362, Rel. Dias Toffoli.

A cooperativa é considerada empresa para fins da Seguridade Social (parágrafo único do art. 15 da Lei n. 8.212/91). As empresas recolhem 20% sobre a remuneração paga ou creditada a qualquer título, no decorrer do mês, aos segurados contribuintes individuais que lhes prestem serviços (art. 22, III, da Lei n. 8.212/91), que são os cooperados ou os dirigentes das cooperativas.

Se a cooperativa tiver empregados, recolherá 20% sobre a folha de salários a título de contribuição previdenciária patronal, mais a alíquota pertinente ao custeio de acidente do trabalho. Recolherá, ainda, 2,5% para o Sescoop sobre a mesma base de cálculo.

CONCLUSÃO

O lema inscrito na bandeira brasileira é "ordem e progresso". Na prática, verifica-se a desordem das leis, que são editadas em número excessivo e são muito malfeitas, e o regresso, em razão das burocracias da lei, que impedem a contratação de trabalhadores e o crescimento econômico do país.

O Brasil dos impostos, formal, está em oposição ao Brasil informal, ilegal, em que 60% da população economicamente ativa está marginalizada, não tem emprego nem, na maioria das vezes, renda.

Uma alternativa muito boa a tudo isso é a cooperativa.

O cooperativismo foi criado como forma de reação ou oposição ao capitalismo a partir da mudança na organização do trabalho decorrente da Revolução Industrial.

O sistema cooperativista se utiliza do sistema capitalista para fins de distribuição de renda e se vale do sistema socialista para tornar as pessoas iguais, tomando por base a solidariedade. O trabalho cooperado é solidário.

É a cooperativa uma forma de valorização social do trabalho, preconizada na Constituição (art. 1º, IV). A valorização social do trabalho não precisa ser feita somente por intermédio do contrato de trabalho. O importante é ter trabalho, diante principalmente do desemprego e da internacionalização das economias, que têm suprimido muitos postos de trabalho.

Não deixa de ser a cooperativa uma forma de flexibilizar as condições de trabalho, em sentido amplo, permitindo a contratação de trabalhadores por meio da cooperativa, desde que atendidos os requisitos legais.

Representa a cooperativa trabalho sem emprego, permitindo que as pessoas possam sobreviver e ter melhor remuneração. É uma forma de inclusão social.

A cooperativa é uma forma de melhorar a renda do trabalhador e as condições de trabalho. Sozinho o trabalhador não é ninguém. Por meio da cooperativa, ele pode entrar no mercado.

A globalização e a internacionalização das economias têm trazido um processo de desintegração do trabalho subordinado, em que se exige um custo menor para que as empresas possam competir no mercado. Nesse contexto, em que há maiores dificuldades para a obtenção de emprego, é melhor ter trabalho do que ficar sem rendimento. Isso pode ser feito por meio das cooperativas.

A criação da cooperativa acaba possibilitando um ambiente de igualdade, entre várias pessoas desiguais e que não tinham acesso ao trabalho.

Pode proporcionar a cooperativa a recuperação de empresas falidas, mediante a autogestão ou a cogestão. Na autogestão, os cooperados gerenciam a empresa, em razão de serem os proprietários dela. Na cogestão, há gerência comum de trabalhadores e dos sócios da empresa. As decisões também são tomadas em comum pelas referidas pessoas.

A cooperativa é alternativa, e não solução pronta e acabada.

Certas pessoas têm vendido uma solução milagrosa no sentido de que a cooperativa irá resolver todos os problemas trabalhistas e de custos da empresa. Entretanto, isso tem de ser pensado com cuidado, pois pode trazer problemas trabalhistas no futuro se não for bem feita a referida implantação. A cooperativa é um meio de proporcionar trabalho, mas não resolve todos os possíveis e imagináveis problemas nas empresas. Pode reduzir custos, desde que seja observada a previsão legal. As pessoas que oferecem essas soluções milagrosas não indicam os riscos que a empresa pode ter, apenas as vantagens.

A maneira de utilizar o cooperativismo é que torna positiva ou negativa a forma empregada. Não é a cooperativa um fato negativo.

A utilização do trabalho cooperado não vai sepultar os direitos trabalhistas dos empregados ou a legislação trabalhista, dá origem a outra relação, a cooperativista.

A complexidade de uma coisa simples é mostrar que ela funciona, como ocorre com as cooperativas, em que a engrenagem funciona sozinha.

O que é a cooperativa? Ela é feita pelas pessoas e para elas, mediante a união de esforços em comum, que prestam serviços ou produzindo bens.

Se as cooperativas não proporcionam empregos, quando temos escassez deles, possibilitam o trabalho das pessoas, o que para mim é fundamental. É uma forma de trabalho sem emprego, que permite que as pessoas possam sobreviver e ter melhor remuneração. É também um trabalho decente.

Acredito nas cooperativas. Acredito que elas possam impulsionar a nossa atividade econômica, como ocorre em outros países, como na Espanha.

É certo que existem cooperativas e cooperativas, que não são apenas as de táxi. Existem cooperativas ruins, mas nem todas as cooperativas são ruins. Ao contrário, são boas.

Na maioria dos casos, o que se vê na Justiça do Trabalho é a terceirização ilegal, a cooperativa ilegal. Muitas vezes, só vêm para a Justiça do Trabalho os casos de cooperativas ilegais, mas isso não significa que todas são ilegais e fraudulentas.

As boas cooperativas vão se impor pela sua qualidade e seriedade no mercado, desde que haja observância da previsão legal.

Há muita resistência às cooperativas na Justiça do Trabalho. Há ideia preconcebida contra a cooperativa, de que ela é sempre fraudulenta. Todas que as visitaram passaram a ter outra concepção sobre a cooperativa.

Todo conceito que não se aperfeiçoa, torna-se preconceito. Um instituto que não se aperfeiçoa traz preconceito. Os preconceitos ficam presos a ideias preconcebidas, que não trazem a correta interpretação do instituto. É preciso mudar esse preconceito sobre as cooperativas.

Vamos acabar com esse preconceito contra as cooperativas, que só presta cooperativa de taxi, que toda cooperativa não presta.

Não se pode falar em extinguir a cooperativa, porque ela não presta. É como afirmar que deve-se ministrar o remédio para matar o doente, assim a doença também deixa de existir. Vamos dar o remédio para a cooperativa melhorar. Vamos aperfeiçoar para melhorar.

Ninguém presta atenção ao fato de a árvore crescer. Ela cresce um pouco a cada dia, mas cresce todo dia. A cooperativa também é assim. Ela está crescendo. Cresce um pouco a cada dia, mas todo dia. Será a empresa do futuro, que dará trabalho às pessoas.

ANEXO

LEI N. 12.690, DE 19 DE JULHO DE 2012[1]

Dispõe sobre a organização e o funcionamento das Cooperativas de Trabalho; institui o Programa Nacional de Fomento às Cooperativas de Trabalho – PRONACOOP; e revoga o parágrafo único do art. 442 da Consolidação das Leis do Trabalho – CLT, aprovada pelo Decreto-lei n. 5.452, de 1º de maio de 1943.

Capítulo I
DAS COOPERATIVAS DE TRABALHO

Art. 1º A Cooperativa de Trabalho é regulada por esta Lei e, no que com ela não colidir, pelas Leis n. 5.764, de 16 de dezembro de 1971, e 10.406, de 10 de janeiro de 2002 – Código Civil.

Parágrafo único. Estão excluídas do âmbito desta Lei:

I – as cooperativas de assistência à saúde na forma da legislação de saúde suplementar;

II – as cooperativas que atuam no setor de transporte regulamentado pelo poder público e que detenham, por si ou por seus sócios, a qualquer título, os meios de trabalho;

III – as cooperativas de profissionais liberais cujos sócios exerçam as atividades em seus próprios estabelecimentos; e

IV – as cooperativas de médicos cujos honorários sejam pagos por procedimento.

Art. 2º Considera-se Cooperativa de Trabalho a sociedade constituída por trabalhadores para o exercício de suas atividades laborativas ou profissionais com proveito comum, autonomia e autogestão para obterem melhor qualificação, renda, situação socioeconômica e condições gerais de trabalho.

§ 1º A autonomia de que trata o *caput* deste artigo deve ser exercida de forma coletiva e coordenada, mediante a fixação, em Assembleia Geral, das regras de funcionamento da cooperativa e da forma de execução dos trabalhos, nos termos desta Lei.

§ 2º Considera-se autogestão o processo democrático no qual a Assembleia Geral define as diretrizes para o funcionamento e as operações da cooperativa, e os sócios decidem sobre a forma de execução dos trabalhos, nos termos da lei.

§ 3º A Cooperativa de Trabalho rege-se pelos seguintes princípios e valores:

I – adesão voluntária e livre;

II – gestão democrática;

III – participação econômica dos membros;

---

1. *DOU* de 20-7-2012.

IV – autonomia e independência;

V – educação, formação e informação;

VI – intercooperação;

VII – interesse pela comunidade;

VIII – preservação dos direitos sociais, do valor social do trabalho e da livre iniciativa;

IX – não precarização do trabalho;

X – respeito às decisões de assembleia, observado o disposto nesta Lei;

XI – participação na gestão em todos os níveis de decisão de acordo com o previsto em lei e no Estatuto Social.

Art. 4º A Cooperativa de Trabalho pode ser:

I – de produção, quando constituída por sócios que contribuem com trabalho para a produção em comum de bens e a cooperativa detém, a qualquer título, os meios de produção; e

II – de serviço, quando constituída por sócios para a prestação de serviços especializados a terceiros, sem a presença dos pressupostos da relação de emprego.

Parágrafo único. (VETADO).

Art. 5º A Cooperativa de Trabalho não pode ser utilizada para intermediação de mão de obra subordinada.

Parágrafo único. (VETADO).

Art. 6º A Cooperativa de Trabalho poderá ser constituída com número mínimo de 7 (sete) sócios.

Art. 7º A Cooperativa de Trabalho deve garantir aos sócios os seguintes direitos, além de outros que a Assembleia Geral venha a instituir:

I – retiradas não inferiores ao piso da categoria profissional e, na ausência deste, não inferiores ao salário mínimo, calculadas de forma proporcional às horas trabalhadas ou às atividades desenvolvidas;

II – duração do trabalho normal não superior a 8 (oito) horas diárias e 44 (quarenta e quatro) horas semanais, exceto quando a atividade, por sua natureza, demandar a prestação de trabalho por meio de plantões ou escalas, facultada a compensação de horários;

III – repouso semanal remunerado, preferencialmente aos domingos;

IV – repouso anual remunerado;

V – retirada para o trabalho noturno superior à do diurno;

VI – adicional sobre a retirada para as atividades insalubres ou perigosas;

VII – seguro de acidente de trabalho.

§ 1º Não se aplica o disposto nos incisos III e IV do *caput* deste artigo nos casos em que as operações entre o sócio e a cooperativa sejam eventuais, salvo decisão assemblear em contrário.

§ 2º A Cooperativa de Trabalho buscará meios, inclusive mediante provisionamento de recursos, com base em critérios que devem ser aprovados em Assembleia Geral, para assegurar os direitos previstos nos incisos I, III, IV, V, VI e VII do *caput* deste artigo e outros que a Assembleia Geral venha a instituir.

§ 3º A Cooperativa de Trabalho, além dos fundos obrigatórios previstos em lei, poderá criar, em Assembleia Geral, outros fundos, inclusive rotativos, com recursos destinados a fins específicos, fixando o modo de formação, custeio, aplicação e liquidação.

§ 4º (VETADO).

§ 5º A Cooperativa de Trabalho constituída nos termos do inciso I do *caput* do art. 4º desta Lei poderá, em Assembleia Geral Extraordinária, estabelecer carência na fruição dos direitos previstos nos incisos I e VII do *caput* deste artigo.

§ 6º As atividades identificadas com o objeto social da Cooperativa de Trabalho prevista no inciso II do *caput* do art. 4º desta Lei, quando prestadas fora do estabelecimento da cooperativa, deverão ser submetidas a uma coordenação com mandato nunca superior a 1 (um) ano ou ao prazo estipulado para a realização dessas atividades, eleita em reunião específica pelos sócios que se dispunham a realizá-las, em que serão expostos os requisitos para sua consecução, os valores contratados e a retribuição pecuniária de cada sócio partícipe.

Art. 8º As Cooperativas de Trabalho devem observar as normas de saúde e segurança do trabalho previstas na legislação em vigor e em atos normativos expedidos pelas autoridades competentes.

Art. 9º O contratante da Cooperativa de Trabalho prevista no inciso II do *caput* do art. 4º desta Lei responde solidariamente pelo cumprimento das normas de saúde e segurança do trabalho quando os serviços forem prestados no seu estabelecimento ou em local por ele determinado.

Capítulo II

Do funcionamento das cooperativas de trabalho

Art. 10. A Cooperativa de Trabalho poderá adotar por objeto social qualquer gênero de serviço, operação ou atividade, desde que previsto no seu Estatuto Social.

§ 1º É obrigatório o uso da expressão "Cooperativa de Trabalho" na denominação social da cooperativa.

§ 2º A Cooperativa de Trabalho não poderá ser impedida de participar de procedimentos de licitação pública que tenham por escopo os mesmos serviços, operações e atividades previstas em seu objeto social.

§ 3º A admissão de sócios na cooperativa estará limitada consoante as possibilidades de reunião, abrangência das operações, controle e prestação de serviços e congruente com o objeto estatuído.

§ 4º Para o cumprimento dos seus objetivos sociais, o sócio poderá exercer qualquer atividade da cooperativa, conforme deliberado em Assembleia Geral.

Art. 11. Além da realização da Assembleia Geral Ordinária e Extraordinária para deliberar nos termos sobre os assuntos previstos na Lei n. 5.764, de 16 de dezembro de 1971, e no Estatuto Social, a Cooperativa de Trabalho deverá realizar anualmente, no mínimo, mais uma Assembleia Geral Especial para deliberar, entre outros assuntos especificados no edital de convocação, sobre gestão da cooperativa, disciplina, direitos e deveres dos sócios, planejamento e resultado econômico dos projetos e contratos firmados e organização do trabalho.

§ 1º O destino das obras líquidas ou o rateio dos prejuízos será decidido em Assembleia Geral Ordinária.

§ 2º As Cooperativas de Trabalho deverão estabelecer, em Estatuto Social ou Regimento Interno, incentivos à participação efetiva dos sócios na Assembleia Geral e eventuais sanções em caso de ausências injustificadas.

§ 3º O quórum mínimo de instalação das Assembleias Gerais será de:

I – 2/3 (dois terços) do número de sócios, em primeira convocação;

II – metade mais 1 (um) dos sócios, em segunda convocação;

III – 50 (cinquenta) sócios ou, no mínimo, 20% (vinte por cento) do total de sócios, prevalecendo o menor número, em terceira convocação, exigida a presença de, no mínimo, 4 (quatro) sócios para as cooperativas que possuam até 19 (dezenove) sócios matriculados.

§ 4º As decisões das assembleias serão consideradas válidas quando contarem com a aprovação da maioria absoluta dos sócios presentes.

§ 5º Comprovada fraude ou vício nas decisões das assembleias, serão elas nulas de pleno direito, aplicando-se, conforme o caso, a legislação civil e penal.

§ 6º A Assembleia Geral Especial de que trata este artigo deverá ser realizada no segundo semestre do ano.

Art. 12. A notificação dos sócios para participação das assembleias será pessoal e ocorrerá com antecedência mínima de 10 (dez) dias de sua realização.

§ 1º Na impossibilidade de notificação pessoal, a notificação dar-se-á por via postal, respeitada a antecedência prevista no *caput* deste artigo.

§ 2º Na impossibilidade de realização das notificações pessoal e postal, os sócios serão notificados mediante edital afixado na sede e em outros locais previstos nos estatutos e publicado em jornal de grande circulação na região da sede da cooperativa ou na região onde ela exerça suas atividades, respeitada a antecedência prevista no *caput* deste artigo.

Art. 13. É vedado à Cooperativa de Trabalho distribuir verbas de qualquer natureza entre sócios, exceto a retirada devida em razão do exercício de sua atividade como sócio ou retribuição por conta de reembolso de despesas comprovadamente realizadas em proveito da Cooperativa.

Art. 14. A Cooperativa de Trabalho deverá deliberar, anualmente, na Assembleia Geral Ordinária, sobre a adoção ou não de diferentes faixas de retirada dos sócios.

Parágrafo único. No caso de fixação de faixas de retirada, a diferença entre as de maior e as de menor valor deverá ser fixada na Assembleia.

Art. 15. O Conselho de Administração será composto por, no mínimo, 3 (três) sócios, eleitos pela Assembleia Geral, para um prazo de gestão não superior a 4 (quatro) anos, sendo obrigatória a renovação de, no mínimo, 1/3 (um terço) do colegiado, ressalvada a hipótese do art. 16 desta Lei.

Art. 16. A Cooperativa de Trabalho constituída por até 19 (dezenove) sócios poderá estabelecer, em Estatuto Social, composição para o Conselho de Administração e para o Conselho Fiscal distinta da prevista nesta Lei e no art. 56 da Lei n. 5.764, de 16 de dezembro de 1971, assegurados, no mínimo, 3 (três) conselheiros fiscais.

Capítulo III
Das fiscalizações e das penalidades

Art. 17. Cabe ao Ministério do Trabalho e Emprego, no âmbito de sua competência, a fiscalização do cumprimento do disposto nesta Lei.

§ 1º A Cooperativa de Trabalho que intermediar mão de obra subordinada e os contratantes de seus serviços estarão sujeitos à multa de R$ 500,00 (quinhentos reais) por trabalhador prejudicado, dobrada na reincidência, a ser revertida em favor do Fundo de Amparo ao Trabalhador – FAT.

§ 2º Presumir-se-á intermediação de mão de obra subordinada a relação contratual estabelecida entre a empresa contratante e as Cooperativas de Trabalho que não cumprirem o disposto no § 6º do art. 7º desta Lei.

§ 3º As penalidades serão aplicadas pela autoridade competente do Ministério do Trabalho e Emprego, de acordo com o estabelecido no Título VII da Consolidação das Leis do Trabalho – CLT, aprovada pelo Decreto-lei n. 5.452, de 1º de maio de 1943.

Art. 18. A constituição ou utilização de Cooperativa de Trabalho para fraudar deliberadamente a legislação trabalhista, previdenciária e o disposto nesta Lei acarretará aos responsáveis as sanções penais, cíveis e administrativas cabíveis, sem prejuízo da ação judicial visando à dissolução da Cooperativa.

§ 1º (VETADO).

§ 2º Fica inelegível para qualquer cargo em Cooperativa de Trabalho, pelo período de até 5 (cinco) anos, contado a partir da sentença transitada em julgado, o sócio, dirigente ou o administrador condenado pela prática das fraudes elencadas no *caput* deste artigo.

Capítulo IV
Do programa nacional de fomento às cooperativas de trabalho – PRONACOOP

Art. 19. É instituído, no âmbito do Ministério do Trabalho e Emprego, o Programa Nacional de Fomento às Cooperativas de Trabalho – PRONACOOP, com a finalidade de promover o desenvolvimento e a melhoria do desempenho econômico e social da Cooperativa de Trabalho.

Parágrafo único. O Pronacoop tem como finalidade apoiar:

I – a produção de diagnóstico e plano de desenvolvimento institucional para as Cooperativas de Trabalho dele participantes;

II – a realização de acompanhamento técnico visando ao fortalecimento financeiro, de gestão, de organização do processo produtivo ou de trabalho, bem como à qualificação dos recursos humanos;

III – a viabilização de linhas de crédito;

IV – o acesso a mercados e à comercialização da produção;

V – o fortalecimento institucional, a educação cooperativista e a constituição de cooperativas centrais, federações e confederações de cooperativas;

VI – outras ações que venham a ser definidas por seu Comitê Gestor no cumprimento da finalidade estabelecida no *caput* deste artigo.

Art. 20. É criado o Comitê Gestor do Pronacoop com as seguintes atribuições:

I – acompanhar a implementação das ações previstas nesta Lei;

II – estabelecer as diretrizes e metas para o Pronacoop;

III – definir as normas operacionais para o Pronacoop;

IV – propor o orçamento anual do Pronacoop;

V – (vetado);

VI – (vetado).

§ 1º O Comitê Gestor terá composição partidária entre o governo e entidades representativas do cooperativismo do trabalho.

§ 2º O número de membros, a organização e o funcionamento do Comitê Gestor serão estabelecidos em regulamento.

Art. 21. O Ministério do Trabalho e Emprego poderá celebrar convênios, acordos, ajustes e outros instrumentos que objetivem a cooperação técnico-científica com órgãos do setor público e entidades privadas sem fins lucrativos, no âmbito do Pronacoop.

Art. 22. As despesas decorrentes da implementação do Pronacoop correrão à conta das dotações orçamentárias consignadas ao Ministério do Trabalho e Emprego.

Art. 23. Os recursos destinados às linhas de crédito do Pronacoop serão provenientes:

I – do Fundo de Amparo ao Trabalhador – FAT;

II – de recursos orçamentários da União; e

III – de outros recursos que venham a ser alocados pelo poder público.

Parágrafo único. O Conselho Deliberativo do Fundo de Amparo ao Trabalhador – CODEFAT definirá as diretrizes para a aplicação, no âmbito do Pronacoop, dos recursos oriundos do Fundo do Amparo ao Trabalhador – FAT.

Art. 24. As instituições financeiras autorizadas a operar com os recursos do Pronacoop poderão realizar operações de crédito destinadas a empreendimentos inscritos no Programa sem a exigência de garantias reais, que poderão ser substituídas por garantias alternativas, observadas as condições estabelecidas em regulamento.

Parágrafo único. (VETADO).

Art. 25. (VETADO).

Capítulo V

Disposições finais

Art. 26. É instituída a Relação Anual de Informações das Cooperativas de Trabalho – RAICT, a ser preenchida pelas Cooperativas de Trabalho, anualmente, com informações relativas ao ano-base anterior.

Parágrafo único. O Poder Executivo regulamentará o modelo de formulário da RAICT, os critérios para entrega das informações e as responsabilidades institucionais sobre a coleta, processamento, acesso e divulgação das informações.

Art. 27. A Cooperativa de Trabalho constituída antes da vigência desta Lei terá prazo de 12 (doze) meses, contado de sua publicação, para adequar seus estatutos às disposições nela previstas.

Art. 28. A Cooperativa de Trabalho prevista no inciso II do *caput* do art. 4º desta Lei constituída antes da vigência desta Lei terá prazo de 12 (doze) meses, contado de sua publicação, para assegurar aos sócios as garantias previstas nos incisos I, IV, V, VI e VII do *caput* do art. 7º desta Lei, conforme deliberado em Assembleia Geral.

Art. 29. Esta Lei entra em vigor na data de sua publicação.

Art. 30 (VETADO).

Brasília, 19 de julho de 2012; 191º da Independência e 124º da República.

REFERÊNCIAS

ALMEIDA, Amador Paes. *Manual das sociedades comerciais*. 10. ed. São Paulo: Saraiva, 1998.

AMARAL, Anemar Pereira. *Cooperativa de trabalho* – o parágrafo único do art. 442 da CLT e a Lei n. 5.764/71. *LTr*, 61-03/341.

ANDRADE, Dárcio Guimarães de. As cooperativas de trabalho. *Suplemento Trabalhista LTr*, 050/97, p. 243.

BENATO, João Vitorino Azolin. *ABC do cooperativismo*. 8. ed. São Paulo: CENACOPE, 2007.

BUCCI, Maria Paula Dallari. *Aspectos jurídicos do cooperativismo e das cooperativas de habitação no Brasil*. 1994. Dissertação (Mestrado) – USP, São Paulo.

BULGARELLI, Waldirio. *Sociedades comerciais*. 9. ed. São Paulo: Atlas, 2000.

_____. *As sociedades cooperativas e a sua disciplina jurídica*. Rio de Janeiro: Renovar, 1998.

_____. *Elaboração do direito cooperativo (um ensaio de autonomia)*. São Paulo: Atlas, 1967.

CARDONE, Vanessa. *Cooperativas de trabalho*: legalidade e subsistência. São Paulo: Antiqua, 2007.

CARRION, Valentin. *Cooperativa de trabalho*: autenticidade e falsidade. *LTr*, 63-02/167, fev. 1999.

CARVALHO, Paulo de Barros. *Curso de direito tributário*. 4. ed. São Paulo: Saraiva, 1991.

COUTURE, Eduardo J. *Vocabulário jurídico*. Montevidéu, 1960.

CREMONESI, André; MELO, Orlando de. Contratação fraudulenta de trabalhadores por intermédio de cooperativas de trabalho. *LTr*, 65-02/176.

CRETELLA JR., José. Os cânones do direito administrativo. *Revista de Informação Legislativa*, Brasília, ano 25, n. 97.

DINAMARCO, Pedro da Silva. *Ação civil pública*. São Paulo: Saraiva, 2001.

DINIZ, José Janguié Bezerra. *Ministério Público do Trabalho*. Brasília: Consulex, 2004.

DINIZ, Maria Helena. *Curso de direito civil*. 10. ed. São Paulo: Saraiva, 1994. v. 1.

DOMINGUES, João Carlos F. *Cooperativas de trabalho*: mitos & realidades. São Paulo: STS, 2002.

ESTRELLA, Hernani. *Curso de direito comercial*, 1973.

FERRARI, Irany. *Cooperativas de trabalho*: existência legal. São Paulo: LTr, 1999.

FERREIRA, Waldemar Martins. *Instituições de direito comercial*. 3. ed. São Paulo: Saraiva, 1951.

FRANKE, Walmor. *Direito das sociedades cooperativas*. São Paulo: Saraiva, 1973.

FURQUIM, Maria Célia de Araújo. *A cooperativa como alternativa de trabalho*. São Paulo: LTr, 2001.

GIDE, Charles. *La coopération*. 10. ed. Paris: Sirey, 1906.

GIL, Vilma Dias Bernardes. *As novas relações trabalhistas e o trabalho cooperado*. São Paulo: LTr, 2002.

GOMES, Claudio Urenha. Flexibilização e trabalho rural (cooperativa). *Suplemento Trabalhista LTr*, 020/00, p. 97.

GRINOVER, Ada Pellegrini. *A mancha do processo*. Rio de Janeiro: Forense Universitária, 2000.

_____ . Ações coletivas para a tutela do ambiente dos consumidores. *Seleções Jurídicas*, COAD, set. 1986.

GROSSFELD, Bernard. *Genossenschaft und Eigentum*. Tübingen: Mohr, 1975.

LUZ FILHO, Fábio. *Teoria e prática das sociedades cooperativas*. 5. ed. Rio de Janeiro: Irmãos Pongetti, 1961; 1945.

MACHADO, Plinio Antonio. *Comentários à lei do cooperativismo*. São Paulo: Unidas, 1975.

MAGANO, Octavio Bueno. *Política do trabalho*. São Paulo: LTr, 2001. v. 4.

_____ . Octavio Bueno. Cooperativas. *Revista de Direito do Trabalho*. São Paulo: Revista dos Tribunais, n. 95, p. 43, jul./set. 1996.

_____ . Terceirização. *Revista de Direito do Trabalho*, São Paulo: Revista dos Tribunais, n. 87, p. 77, set./1994.

MAIOR, Jorge Luiz Souto. Cooperativas de trabalho. *LTr*, 60-08/1060.

MANCUSO, Rodolfo de Camargo. *Interesses difusos*. 2. ed. São Paulo: Revista dos Tribunais, 1991.

MARTINS, Nei Frederico Cano. *Estabilidade provisória no emprego*. São Paulo: LTr, 1995.

MARTINS, Sergio Pinto. Cooperativas e relação de emprego. *Orientador Trabalhista Mapa Fiscal – Suplemento de Legislação, Jurisprudência e Doutrina*, n. 11/95, p. 591.

_____ . *Direito processual do trabalho*. 46. ed. São Paulo: Saraiva, 2024.

_____ . Tributação pelo ISS dos serviços das cooperativas. *Repertório IOB de Jurisprudência*, n. 24/99, texto 2/14237, p. 696.

_____ . *Direito do trabalho*. 40. ed. São Paulo: Saraiva, 2024.

_____ . *A terceirização e o direito do trabalho*. 14. ed. São Paulo: Saraiva, 2018.

_____ . *Cooperativa de professores*. Orientador Trabalhista Thomson IOB, n. 11/07, p. 3.

_____ . *Cooperativa de trabalho*. Carta Forense, n. 53, dezembro de 2007, p. 6.

_____ . *Manual do ISS*. 10. ed. São Paulo: Saraiva, 2019.

MAUAD, Marcelo José Ladeira. *Cooperativas de trabalho*. São Paulo: LTr, 1999.

REFERÊNCIAS

MAURER JR., Theodoro Henrique. *O cooperativismo*: uma economia humana. São Paulo: Fundo de Fomento e Propaganda do Cooperativismo, 1966.

MAXIMILIANO, Carlos. *Hermenêutica e aplicação do direito*. 8. ed. Rio de Janeiro: Freitas Bastos, 1965; 1979; 16. ed., 1997.

MAZZILLI, Hugo Nigro. *A defesa dos interesses difusos em juízo*. 12. ed. São Paulo: Revista dos Tribunais, 2000.

MELLO, Celso Antônio Bandeira de. *Curso de direito administrativo*. 7. ed. São Paulo: Malheiros, 1995.

MENDONÇA, J. X. Carvalho de. *Tratado de direito comercial*. Rio de Janeiro: Freitas Bastos, 1954. v. 4.

MONTEIRO, Washington de Barros. *Curso de direito civil*. 16. ed. São Paulo: Saraiva, 1997.

MORAES, Evaristo de. *Apontamentos de direito operário*. 4. ed. São Paulo: LTr, 1998.

NASCIMENTO, Amauri Mascaro. *Curso de direito processual do trabalho*. 17. ed. São Paulo: Saraiva, 1997.

OLIVEIRA, Terezinha Cleide. *O desenvolvimento das cooperativas de trabalho no Brasil*. São Paulo: OCB, 1984 (Série Difusão Cooperativista n. 2).

OWEN, Robert. *The new view of society*. Inglaterra: Woodstock Books, 1991.

PACHECO, Iara Alves Cordeiro. Cooperativas de trabalho. Intermediação de mão de obra. *LTr*, 60-08/1.102.

PASTORE, José Eduardo Gibello. *Cooperativas de trabalho*: o fenômeno da terceirização. *LTr*, 63-10/1.334. São Paulo, out. 1999.

_____. Cooperativismo coerente. *LTr*, 62-05/639, maio 1998.

PINHO, Diva Benevides. *Economia e cooperativismo*. São Paulo: Saraiva, 1977.

_____. *Dicionário do cooperativismo*. São Paulo: Secção Gráfica da Faculdade de Filosofia, Ciências e Letras da Universidade de São Paulo, 1962.

_____. *Que é cooperativismo*. São Paulo: Buriti, 1966.

_____. *O cooperativismo nos regimes capitalista e socialista*. São Paulo: Pioneira, 1966.

PINHO, Diva Benevides; AMARAL, Cicely Murtinho. *Cooperativa brasileira de trabalho*. São Paulo: IPE/Fipe, Fapesp-Unimed, 1993.

PINTO, José Augusto Rodrigues. *O direito do trabalho e as questões do nosso tempo*. São Paulo: LTr, 1998.

POLONIO, Wilson Alves. *Manual das sociedades cooperativas*. São Paulo: Atlas, 1998.

PRUNES, José Luiz Ferreira. *Comentários ao estatuto do trabalhador rural*. Rio de Janeiro: Edições Trabalhistas, 1971.

QUEIROZ, Carlos Alberto Ramos Soares de. *Manual da cooperativa de serviços e trabalho*. 5. ed. São Paulo: STS, 1998.

_____ . *Cooperativa de serviços e trabalho*. São Paulo: STS, 2000.

REALE, Miguel. *Lições preliminares de direito*. 23. ed. São Paulo: Saraiva, 1996.

RICCIARDI, Luiz; LEMOS, Roberto Jenkins de. *Cooperativa, a empresa do século XXI*. São Paulo: LTr, 2000.

ROBORTELLA, Luiz Carlos Amorim. Cooperativas de trabalho. *Repertório IOB de Jurisprudência*, n. 18/99, texto 2/15236, p. 398, 2ª quinzena set. 1999.

RUSSOMANO, Mozart Victor. *Comentários ao estatuto do trabalhador rural*. São Paulo: Revista dos Tribunais, v. 1.

SAAD, Eduardo Gabriel. Das cooperativas sociais. *Suplemento Trabalhista LTr*, n. 056/00, p. 301.

SILVA, De Plácido e. *Vocabulário jurídico*. Rio de Janeiro: Forense, 1990.

SILVA FILHO, Cícero Virgulino da. *Cooperativas de trabalho*. São Paulo: Atlas, 2002.

SILVA FILHO, Fernando Paulo da. Sociedade cooperativa – inexistência de vínculo empregatício. *Suplemento Trabalhista LTr*, 109/97.

_____ . Cooperativismo do trabalho: a legislação obscura e as interpretações antagônicas. *Suplemento Trabalhista LTr*, n. 181/00, p. 977.

SIQUEIRA, Marli Aparecida da Silva. Corporação e cooperativa: contextualização e efeitos. *Suplemento Trabalhista LTr*, n. 006/01, p. 29.

SIQUEIRA, Paulo César Andrade. *Direito cooperativo*. Temas atuais. Recife: Nossa Livraria, 2000.

SOUZA NETO, Antônio. Cooperativas de trabalho rural. *LTr*, 64-09/1145.

SÜSSEKIND, Arnaldo Lopes. *Instituições de direito do trabalho*. 14. ed. São Paulo: LTr, 1994.

THENÓRIO FILHO, Luis Dias. *Pelos caminhos do cooperativismo com destino ao crédito mútuo*. São Paulo: Central das Cooperativas de Crédito do Estado de São Paulo, 1999.

TUCCI, Rogério Lauria. Ação civil pública: abusiva utilização pelo Ministério Público e distorção pelo Poder Judiciário. In: *Aspectos polêmicos da Ação Civil Pública*. São Paulo: Saraiva, 2003.

VIANA, Márcio Túlio. Fraude à lei em tempos de crise. *Suplemento Trabalhista LTr*, 068/97, p. 331.

VIVANTE, Cesare. *Trattato di diritto commerciale*. Milão, 1928.

ÍNDICE REMISSIVO

A

adesão livre, 8[1]
Alemanha, 19.1
área rural, 15
Argentina, 19.2
associação, 4.4
atividade-fim, 9
ato cooperativo, 9
ato-meio, 9

B

base de cálculo, 22.2.2
Bélgica, 19.3

C

Canadá, 19.4
características, 9
classificação, 7
comunicação, 19.5
conceito, 3.3
confederações de cooperativas, 7
constituição, 10
contrato de trabalho, 14
contribuições, 23
contribuinte, 22.2.3
cooperativas
  agropecuárias, 7
centrais, 7
  de consumo, 7
  de compras, 7

de crédito, 7
de distribuição, 7
de mão de obra, 7
de mineração, 7
de produção, 7
de produção coletiva, 7
de profissionais liberais, 7
de provisão, 7
de trabalho, 7
de seguros, 7
de serviço, 7
de serviços comunitários, 7
de vendas em comum, 7
educacionais, 7
ferroviárias, 7
habitacionais, 7
mistas, 7
singulares, 7

D

denominação, 3.2
direitos dos cooperados, 16
distinção, 14

E

educação, 64
empresa, 4.1, 20.10
empresa de trabalho temporário, 4.2
Espanha, 19.5
Estados Unidos, 19.6
evolução no Brasil, 2.2
evolução no mundo 2.1
etimologia, 3.1

---

1. A numeração refere-se ao item.

F

fato gerador, 22.2.1

federações de cooperativas, 7

finalidade, 6

fiscalização trabalhista, 18.1

França, 19.7

fraude, 100

funcionamento, 11

fundo de assistência técnica,10

fundo de reserva, 10

G

garantia de emprego, 20.1

gestão democrática, 8

H

histórico, 2

I

inquérito para apuração de falta grave, 20.11

Itália, 19.8

ISS, 22

L

legislação estrangeira, 19

lista de serviços, 22.2.4

M

membro
  do Conselho de Administração, 20.8
  de Conselho Fiscal, 20.9

México, 19.9

Ministério Público do Trabalho, 18.2

N

natureza jurídica, 5

número de dirigentes, 148

O

objetivo, 51

objeto, 6

organizações comunitárias de trabalho, 4.5

Organização Internacional do Trabalho, 13

P

Paraguai, 19.10

Portugal, 19.11

princípios, 8

programa nacional de fomento às cooperativas de trabalho, 17

Q

quórum, 9

R

regulamento, 21

S

sindicatos, 4.3

sobras líquidas, 9

Suíça, 19.12

suplente, 20.7

U

Uruguai, 19.14

V

vantagens e desvantagens, 12

Venezuela, 19.13